툭툭 내뱉는 툭툭잉글리시

초판 1쇄 인쇄 2018년 2월 14일
초판 1쇄 발행 2018년 2월 24일

지은이	이승환
발행인	임충배
엽엉 마케팅	김요한
홍보	김정실
편집	양경자
디자인	여수빈
펴낸곳	도서출판 삼육오 (PUB.365)
제작	(주)피앤엠123

출판신고 2014년 4월 3일
등록번호 제406-2014-000035호

경기도 파주시 산남로 183-25
TEL 031-946-3196 / FAX 031-946-3171
홈페이지   www.pub365.co.kr

ISBN 979-11-86533-80-2 13740
© 2018 PUB.365 & 이승환

이 도서의 국립중앙도서관 출판예정도서목록(CIP)은 서지정보유통지원시스템 홈페이지(http://seoji.nl.go.kr)와
국가자료공동목록시스템(http://www.nl.go.kr/kolisnet)에서 이용하실 수 있습니다. (CIP제어번호: CIP2018002447)

툭툭 내뱉는 톡톡 잉글리시

talk
talk

PREFACE

얼마 전 문득, 영어강사로 살아온 지난 시간을 돌이켜보게 되었습니다.

러시아 모스크바에서 정치학도로서의 유학생활을 접고, 돌연 캐나다로 건너가 엉겁결에 잠시 평화운동가로 활동하다가 서울로 돌아온 지가 올해로 만 10년이 되더군요.

돌아와서, 운 좋게도, 국내 최고의 어학원이라는 YBM 본원에서 일하게 되고 8년 동안 이곳에서 했던 강의 시간만 대략 13,800여 시간이나 되고요.

계산기로 대충 두드려 봤죠. 그리고 스쳐간 학생들은 3만여 명 정도…

그 시간 동안, 제가 만났던 수많은 사람들에게는 하나의 공통점이 있었죠.

그건 바로, '영어… 잘하고 싶다!'

그리고 그 학생들은 다시 두 부류로 나뉩니다.

하나는 부족했던 영어 실력이 향상되어, 그들 인생에 영어가 날개가 되어준 사람들이고, 다른 하나는 십 년째 여전히, 종로 어학원 촌의 기초반을 기웃거리고 있는 사람들입니다.

재미난 에피소드가 하나 있어요.

저의 예전 동료 강사의 경험인데, 어느 날, 수업 개강 첫날 강의실에 들어섰는데, 왠지 낯익은 얼굴이 하나 있더랍니다. 알고 보니, 그 사람은 십 년 전에 종로에서 그 강사가 영어를 못했던 시절에 기초회화 반을 같이 들었던 사람이었습니다.

기초 영어회화 반에서 만난 한 사람은 십 년 후에 유명 영어강사가 되어있고, 한 사람은 여전히 십 년 전과 같은 레벨의 기초회화 반을 헤매고 다니고 있다는 "이 불편한 진실! 왜 이러는 걸까요?"

이 글을 읽고 계신 여러분은 과연 어느 쪽일까요?

전자의 영어강사는 물론 나중에 미국 유학을 다녀왔다지만, 이 두 사람의 차이를 만든 것은 정작 다른 데 있음을 저는 압니다. 왜냐면, 평범한 IQ의 필자도 영어학원에 다닌 적이 없고, 그렇다고 도서관에서 영어책과 씨름한 적도 없이 영어를 익힐 수 있었기 때문입니다.

영어뿐만 아니라, 하나의 외국어를 쉽사리 빠르게 익히는 방법은 수없이 많을 수도, 아예 없을 수도 있습니다.

최고의 어학원에서 **14,000**여 시간을 강의해온 소위 스타강사로서 말할 수 있는 것은, 물론 타고난 언어 습득 능력도 중요하지만, 이 못지않게 중요한 것은 영어로의 '접근방법' 이라는 것입니다.

제가 영어에 관심을 두기 시작한 나이는 스물넷, 그때 자신에게 한 말이 있습니다.

'이승환, 너는 앞으로 십 년 정도 후에는, 영어를 정말 잘하게 될 거야. 그리고 일단, 급한 대로 한 3년 정도 후에는 뉴스나 영화도 웬만큼 듣고 이해하고, 하고 싶은 의사 표현 정도는 무리 없이 할 수 있게 될 거야. 그러니까, 오늘부터, 조금씩 쉬지 않고 하루 5분, 10분이라도 영어를 경험하자!' 저는 그 후로 하루도 빠짐없이 영어를 '경험'해왔습니다. 그렇게 십수 년이 흘렀고, 말 그대로 이루어졌습니다. 하루 한 시간의 공부가 아니고, '하루 한 번의 경험'입니다.

영어를 잘하고 싶은 대다수 한국인은 매우 성급합니다. 한두 달 학원에 다니고 나면 안 되던 영어가 잘 될 거라 믿거나 그렇게 기대를 하죠. 그 몇 개월로는 몇몇 특정 영어 시험은 요령껏 잘 치를 수 있을 수 있겠지만, 영어를 잘하게 되긴 어렵습니다.

이제는 이렇게 해보세요.

좀 더 멀리 보고, '적어도 3년 후에는, 5년 후에는, 10년 후쯤에는 정말 내가 잘하게 될 거야' 라고. 그리고 처음부터 너무 의욕에 불타서 달려들지 마시고, 그냥 즐기세요. 조금씩만, 감질 나게! ^^

"재미있어서 어쩌면 하루에 한 권 전체를 듣게 되실 거예요."

필자가 이 책에 수록한 내용은 총 50개의 대화문으로 이루어졌습니다. Dialogue 하나하나를 재미있게, 미국의 실생활 구어체를 사용해서 만들었고, 세 명의 미국과 호주, 캐나다 출신의 원어민이 감수하고 녹음에 참여했습니다. 재미있어요. 재미있어도 너~~~무 재미있을 거라는 거!

그래도, 한꺼번에 다 듣기보다는 조금씩 꾸준히 반복해주세요.

매일 하나씩만 듣고, 들여다보면 2개월의 시간이 걸릴 겁니다. 처음부터 한 번에 여러 개씩 하는 것은 좋지 않아요. 그런 사람들은 대부분 며칠 못 가고 포기합니다. 그리고 공부보다는 배운다고 생각하세요. 그것도 귀찮으면 '경험'만 한다는 마음으로 그냥 MP3를 들으세요.

자, 이제 여러분들의 영어에 크고, 작은 변화가 일어날 겁니다.

그럼 2개월 후 조금은, 달라진 여러분들을 기대해보며,

– 이승환 Erick –

HOW TO ?!

STEP 1 듣기만 하기

스마트 폰으로 QR코드를 찍거나
홈페이지에서 MP3를 다운로드 해서 듣기만 하세요.
라디오스타 잉글리시를 듣기만 해도
영어로 표현하는 것에 대해 많은 상상을 하게 됩니다.
(MP3 다운로드는 여기로 ☞ www.pub365.co.kr)

STEP 2 보면서 듣기

이 도서의 핵심이 되는 부분으로
실생활에 쓰이는 주요 표현을
원어민의 감정으로 맛깔나게 들어볼 수 있습니다.
(부록으로 대화문만 모아 MP3로 들을 수 있답니다.)

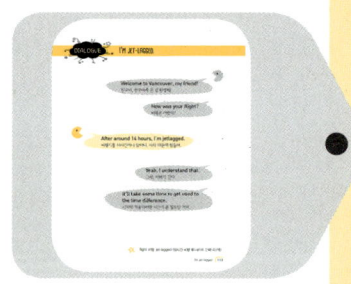

STEP 3 배경지식 쌓기

오늘의 주제에 대한 재미있는 표현들을
외국 문화에 대한 배경지식까지 쌓아가며 정리합니다.
이런 표현이 나오기까지의 배경을 알게 되었을 때는
그 상황이 닥쳤을 때 책의 내용이 연상되어
자연스럽게 입에서 영어가 술술~ 나옵니다.

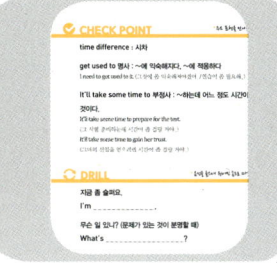

STEP 4　표현 정리하기

오늘 학습한 내용의 주요 표현 중
반드시 알아야 할 표현에 대해 정리하고
패턴 연습을 합니다.

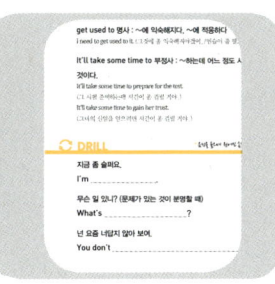

STEP 5　Listening & Speaking 연습하기

오늘의 주제에 대한 추가 표현을 학습합니다.
MP3를 들으며 반복해서 말하기 연습해 보세요.
(남녀 원어민 성우 음성을 듣고 말하기 훈련용으로 만들었습니다.)

STEP 6　최신 유행어 및 신조어 학습

텍스트메시지나 채팅때 자주 사용되는
최신 유행어 및 신조어를 덤으로 알 수 있습니다.

CONTENTS

EPISODE

CONTENTS

CONTENTS

BREAKTIME

SUMMARY

EPISODE

MP3_DIA 01

I COULDN'T HELP BUT PAY FOR IT.

어쩔 수 없이 내가 냈어.

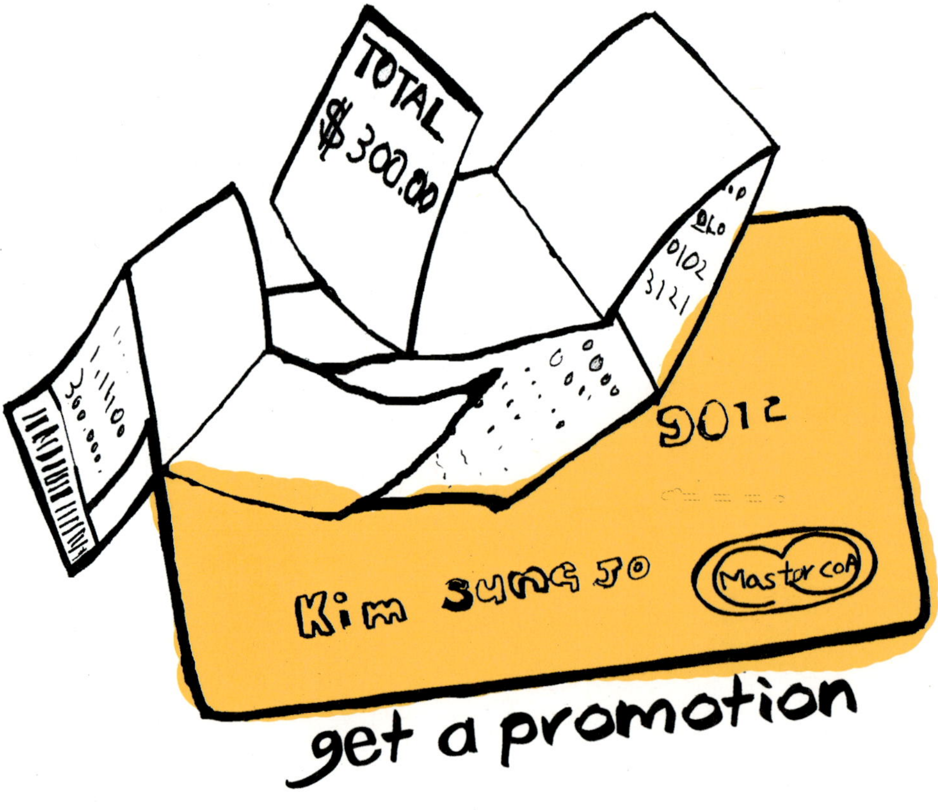

Tom, what is this **receipt**?
Three hundred dollars!

톰, 이게 뭐에요?
3백 달러짜리 영수증이라니!

Did you buy drinks for everybody?

당신이 다 계산한 거에요?

Sorry, honey.
I **got a promotion recently.**

미안해, 여보. 최근에 내가 승진했잖아.

So, everyone there was expecting
me to treat them.

그래서, 거기에 있던 모두가 내가 한턱낼 거라고
기대를 하더군.

I couldn't help but pay for it.

어쩔 수 없이 내가 냈지.

 receipt 영수증 get a promotion 승진하다 recently 최근에

본의 아니게 어쩔 수 없이 한턱 크게 쏘고 집에 와서 후회하는 이런 경험은 누구나 겪었을 것 같습니다.

"I got a promotion.", 그래도 톰은 그럴만한 이유가 있군요.

'get a promotion'은 '승진하다'라는 뜻이고, "Everyone there was expecting me to treat them."에서 'treat'는 소위 말하는 '한턱내다.' 정도를 의미합니다.

이런 상황이라면, 정말 피할 수 없이 한턱낼 수밖에 없었다는 말을 하고 싶으면 "I couldn't help but pay for it."에서 쓰인 'can not help but + 동사 원형' 또는 'can not help ~ing' 구문을 사용해보세요. '~하지 않을 수 없다'를 의미하는 필수 표현입니다.

get a promotion

buy something for somebody : ~에게 ~을 사주다.
Her father bought the car for her.
(그녀의 아버지는 그녀에게 차를 한 대 사줬습니다.)

get a 명사 : ~을 하다
예 get a promotion : 승진하다 a promotion-승진
  I got a raise. (월급이 인상됐어요.) a raise-임금 인상
  I got a discount. (할인 받았어요.) a discount-할인
  I got a refund. (환불 받았어요.) a refund-환불
  I got a pink slip. (해고 통지를 받았어요.) a pink slip-해고통지서

treat 사람 : ~를 대접하다, ~에게 한 턱 쏘다
I treated them. (내가 그 사람들을 대접했어요.)
Treat us! (우리에게 한 턱 쏴!)

expect 사람 to 동사 : ~가 어떤 행동을 하는 것을 예상하다, 기대하다
I also expected Tom to treat us.
(나도 Tom이 우리에게 한턱 쏘기를 기대했어.)

can not help but 동사 : 어쩔 수 없이 ~하다
같은 표현으로 'can not help ~ing.'
I couldn't help but pay for it. = I couldn't help paying for it.

🔄 DRILL
* 음성을 들으며 원어민 속도로 따라 말해 보는 시간.

선택의 여지가 없었어요.

I had_____.

그건 이미 내 손을 떠난 겁니다. (나도 어쩔 수가 없어요.)

It is _____.

MP3_DIA02

MY SKIN IS DRY AND VERY SENSITIVE.

제 피부는 건성이고 매우 민감해요.

Good afternoon, ma'am.
What are you looking for?

안녕하세요, 손님. 뭘 찾으세요?

I'm looking for some powder for **sensitive** skin.

민감성 피부용 파우더를 찾고 있어요.

My skin is dry and very **sensitive**.

제 피부는 건성이고 매우 민감하거든요.

Do you have any **suggestions**?

뭐 권할만한 거라도 있나요?

Sure, how about this?

물론이죠, 이건 어때요?

This item has been the most popular **among** our skin care products.

이 제품이 저희 피부 관리 제품 중에서 가장 인기 있어요.

 sensitive 민감한, 예민한 suggestion 제안 among ~중에서

여성들을 위한 표현을 자주 얘기해보려고 합니다.

하지만 제 생각엔 여성뿐만 아니라 남성들에게도 아주 아주 유용한 표현이 될 것 같습니다.

"My skin is dry and very sensitive." 라는 문장은 피부가 건조하고 예민한 분들은 필수적으로 외워두셔야 할 겁니다.

반면, **"My skin is oily."** 는 피부가 지성인 분들이 꼭 알아둬야 하고요.

"Do you have any suggestions?" 는 점원 등에게 "뭘 좀 권해 주세요."라고 부탁할 때 사용할 수 있는 표현입니다.

✅ CHECK POINT

주요 표현을 만나보고 되새겨보는 시간.

look for 명사 : ~을 찾다

I'm looking for a TV. (TV 찾고 있는데요.)

My skin is dry : 내 피부는 건성이에요.

My skin is oily. (내 피부는 지성이에요.)

* 피부 묘사에 대한 또 다른 표현으로

I have dishpan hands. (내 손은 거칠어요.)

Do you have any suggestions? : 뭐 권할 거라도 있나요?

같은 표현으로 'What do you recommend?'

the most popular : 가장 인기 있는

덧붙여 "많이 팔리는"이란 의미로 'sell like hot cakes.'

This item has been selling like hot cakes.

(이 제품은 날개 돋친 듯이 팔려요.)

🔄 DRILL

음성을 들으며 원어민 속도로 따라 말해 보는 시간.

피부가 빨리 건조해져요.

My skin _____.

집안일로 손이 많이 망가졌어요.

(dishpan hands – 취사, 세탁 등으로 거칠어진 손)

I have _____.

➕ 덤 & THE MORE

텍스트메시지 or 채팅할 때 자주 쓰이는 줄임말.

🦴 *BFN*

Bye for now. (이제 인녕~)

IT'S HOT AND HUMID.

MP3_DIA03

후텁지근해요.

rainy
season

I heard that the *rainy season* will start soon.

장마가 곧 시작할 거라던데.

What's the weather like during the rainy season here?

장마철은 여기 날씨가 어때?

Actually, I've never experienced the rainy season.

실은, 난 우기를 경험해 본적이 전혀 없거든.

Because I'm from Arizona.

애리조나 출신이라서.

Of course, it rains a lot.

당연히 비가 많이 와.

It's hot and *humid*.

후텁지근하지.

 rainy season 장마, 우기 | humid 습한

오늘은 장마철 관련 표현입니다.

보통 'rainy season'(장마철, 우기)이라 하면, 'It rains a lot.'(비가 많이 와.) 정도로 날씨를 표현할 수 있겠지만, 사람들이 장마철을 싫어하는 좀 더 구체적인 이유가 있죠. 바로 더운데다가 습하기 때문이죠.

이를 우리말로는 '후텁지근하다.'라고 하고 영어로는 "It's hot and humid."라고 합니다.

'humid'(습한)를 이용해서 말하면 됩니다.

장마철을 겪어보지 못한 베라는 그 이유를 바로 자기가 애리조나 출신이기 때문이라고 말합니다.

애리조나는 사막지대이기 때문에 장마가 없거든요.

What's the weather like? 오늘 날씨 어때요?
– 날씨를 물어보는 기본적인 표현

같은 표현으로 'What's the weather like today?', 'How is the weather?'

'Have + p.p' : "〜해본 적이 있다"
– 과거의 경험 등을 표현하는데 사용하는 시제

I have never been to U.S.A. (나는 미국에 가본 적이 없어요.)

I have never eaten this food. (나는 이 음식을 먹어본 적이 없어요.)

I'm from 지역 : 〜가 고향이야, 〜출신이야

I am from South Korea. (저는 대한민국 사람입니다.)

 **DRILL**   * 음성을 들으며 원어민 속도로 따라 말해 보는 시간.

장마철엔 난 양말을 두 번 갈아 신곤 해요.

I usually _____.

너의 고향에는 비가 안 온다는 말이야?

You mean _____?

 **덤 & THE MORE**   * 텍스트메시지 or 채팅할 때 자주 쓰이는 줄임말.

🖊 *AFAIK*

As far as I know (내가 알고 있기에는)

EPISODE 04

MP3_DIA04

I AM AFRAID THIS FOOD WENT BAD.

아무래도 이 음식 상한 것 같아.

Wow, I have the **munchies**.
아, 입이 궁금하다.

Do you have something to eat?
뭐 먹을 것 좀 있어?

Yeah, here. Some milk and donuts.
응, 여기. 우유랑 도넛.

Um, that's nice.
음, 그거 잘됐다.

Eww! It smells **weird**.
어우! 이거 냄새가 이상해.

I'm afraid this food went bad.
아무래도 이 음식 상한 것 같아.

 munchies 간단한 안주류, 군것질거리 weird 이상한, 기묘한

"I have the munchies."는 우리말로 "입이 궁금하다."

"군것질이 하고 싶다." 정도에 해당하는 말입니다.

기억해 두시면 요긴하게 사용할 수 있는 재미있는 표현이죠?

장마철에는 음식이 상하기 쉽죠. "I'm afraid this food went bad."(아무래도 이 음식 상한 것 같아.) 'go bad'는 '음식 등이 상하다'를 의미합니다.

상한 음식은 먹어보기 전에 냄새로도 알 수 있죠.

"It smells weird."(그거 냄새가 이상해.)에서 'It smells + 형용사'는 '냄새가 ~하다'를 뜻하고 'weird'는 '이상한'이라는 의미로 'strange'보다 더 자주 쓰이는 형용사입니다.

주요 표현을 만나보고 되새겨보는 시간.

Do you have something to 동사? : ~할 것 좀 있어?
Do you have something to drink? (마실 것 좀 있어요?)
Do you have something to play with? (가지고 놀 것 있어요?)

It smells 형용사 : ~한 냄새가 나다.
It smells funky (stinky). (고약한 냄새가 난다.)

I'm afraid~ : 부정적인 내용 등을 조심스럽게 말할 때 사용하는 표현

음식류 go bad : 상하다

 **DRILL**

음성을 들으며 원어민 속도로 따라 말해 보는 시간.

썩은 과일을 먹어서 식중독에 걸렸어요.

I got _____.

요구르트가 썩었는지 어떻게 알아볼 수 있어?

How do _____?

 **& THE MORE**

텍스트메시지 or 채팅할 때 자주 쓰이는 줄임말.

🤍 *NM*

Never mind. (너무 신경 쓰지마.)

EPISODE 05

MP3_DIA05

THAT'S A RIP-OFF.

이거 완전 바가지야.

How much is it?

이거 얼마에요?

That's $120.

120달러입니다.

What? That's *a rip-off*.

뭐요? 이거 완전 바가지네.

I bought exactly the same one for just $90 last year.

작년엔 똑 같은 거 90달러에 샀어요.

But sir, the price has risen up *rapidly* since last year.

손님, 작년 이후로 가격이 급등했습니다.

I bet you can't buy that model below $120 anywhere.

제가 장담하건대, 어디 가셔도 120달러 밑으로는 못 사실 겁니다.

a rip-off 폭리, 바가지 rapidly 빨리, 신속히

쇼핑할 때 가장 기본이 되는 표현인 **"How much is it?"**(이거 얼마에요?) **"How much does it cost?"**(얼마에요?)는 꼭 암기하십시오.

오늘의 한마디 **"That's a rip-off."**는 "이거 완전 바가지네." 또는 "이거 사기야, 사기." 정도의 의미가 있는 표현입니다.

그러자 점원이 단순히 가격이 오른 것이라고 설명하고 있죠?

"I bet you can't buy that model below $120 anywhere." (제가 장담하건대, 어디 가서도 120달러 밑으로는 못 사실 겁니다.), **'I bet ~'**는 '~라고 장담한다.'라고 쓸 때 유용한 문장입니다.

✅ CHECK POINT

주요 표현을 만나보고 되새겨보는 시간.

buy 명사 for 가격 : ~을 ~가격에 샀다

I bet ~ : 내가 장담하건데~
I bet you can. (내가 장담하건데, 넌 할 수 있어.)
I bet you will succeed. (내가 장담하는데, 넌 성공할 거야.)

🔄 DRILL

음성을 들으며 원어민 속도로 따라 말해 보는 시간.

나의 피 같은 돈을 훔쳐 가는구나.
You're stealing _____ .

인플레이션은 모두에게 고통스럽다.
Inflation _____ .

이 모델은 수요가 많아요.
There's a _____ .

➕ 덤 & THE MORE

텍스트메시지 or 채팅할 때 자주 쓰이는 줄임말.

👆 *CU (CYA)*
See you. (안녕~ 또 보지.)

BELIEVE IT OR NOT.

MP3_DIA06

믿거나 말거나.

You a good singer?

a professional singer...

Ray, are you a good singer?

레이, 너 노래 잘하니?

Well, you know?

글쎄, 너 알아?

Believe it or not I was a *professional* singer when I was young.

실은 나 젊었을 때 가수였어. 믿거나 말거나.

Wow, that's amazing!

와, 놀라운데!

You need to sing me a song someday, *huh?*

너 언제 한번 노래 불러 줘야 해. 그렇지?

 professional 전문적인, 직업적인 huh? (문미에 사용되어 동의를 구하여) 그렇지?, 안 그래?

"너 노래 잘해?"를 영어로 말해 보라고 하면 많은 사람이 **"Do you sing songs well?"**이라고 말할 겁니다.

그러나 실은 **"Are you a good singer?"**입니다.

한국어 표현 방식과는 다소 차이가 있기 때문에 혼동하시는 것 같아요.

"당신 춤 잘 추세요?"는 어떻게 말할 수 있을까요?

이도 같은 방식으로 **"Are you a good dancer?"**라고 표현 합니다.

"Believe it or not I was a professional singer when I was young."(실은 나 젊었을 때 가수였어. 믿든지 말든지.)에서는 노래를 잘하느냐는 질문에 직업이 가수였다고 말하면 믿기 힘들 겠죠? 이럴 때, '믿기지 않겠지만', '믿거나 말거나'라는 의미의 **"Believe it or not."**을 사용하세요.

You a good singer?

a professional singer...

CHECK POINT

a good 명사: ~을 잘하는 사람

Are you a good singer? (너 노래 잘하니?)

Are you a good student? (공부 잘하니?)

Are you a good painter(artist)? (그림 잘 그리니?)

Believe it or not. (믿거나 말거나)

* 뭔가 믿기 힘든 것에 대해 이야기 할 때나 자신의 이야기에 상대방이 반신반의할 때 사용하는 표현. 현지인들이 생활 속에서 곧 잘 사용하는 표현으로 익혀두시면 재미있게 사용할 수 있습니다.

4형식 동사

* 4형식 동사라고 하면 먼저 머리에 쥐가 나는 분들 계시죠? 이를 간단히 설명하자면, 동사 다음에 "~에게"+ "~을" 과 같이 동작대상과 목적어를 둘 다 붙여줄 수 있는 동사 입니다.

다른 동사들은 "~을"에 해당하는 목적어 하나만 붙지만, 4형식 동사는 "~에게"라는 대상까지 붙여줄 수 있는 붙임성 있는 놈이죠.

You need to sing   me   a song.

              동사 + ~에게(간접목적어) + ~을(직접목적어)

You need to pour me some water. (물 좀 따라줘.)

You need to buy me dinner. (저녁 사.)

She made me some chocolate muffin.

(그녀는 내게 초코머핀을 만들어줬어요.)

DRILL

그 이야기는 좀처럼 믿어지지 않아요.

That story _____ .

죽어가는 고양이처럼 노래하네. (정말 못한다는 표현)

You sing _____.

EPISODE 07

QUIT STALLING AND TELL ME NOW.

MP3_DIA07

뜸들이지 말고 이제 말해.

You know what?
너 그거 알아?

What?
뭐?

Um, let's drop it.
음, 아냐 관두자.

It's just nothing.
아무것도 아냐.

Oh, come on. You always make me so *curious* and then don't say anything.
넌 항상 날 그렇게 궁금하게 만들고 아무 말도 하지 않더라.

Quit *stalling* and tell me now.
그만 뜸들이고 이제 말해.

 curious 궁금한, 호기심이 많은 stall 시간을 벌기 위해 꾸물대거나 기다리게 만들다

"Um, let's drop it. It's just nothing."(음, 관두자. 아무것도 아냐.) 에릭과 같은 사람, 정말 싫어요.

뭔가 말하려고 얘기를 꺼냈다가 결국엔 "아무것도 아냐."하고 얼버무릴 때 사용하는 **"Let's drop it."**은 "그냥 관두자." 정도를 뜻하는 문장으로 말의 화제 따위를 잠시 접을 때 사용할 수 있습니다.

"Quit stalling and tell me now."(그만 뜸들이고 이제 말해.)

여기서, '**stall**'은 '교묘하게 시간을 벌다'의 뜻으로, **"Quit stalling."**은 "시간 끌기를 멈춰." 다시 말해 "뜸들이지마."의 의미로 널리 쓰이는 표현입니다.

Make me 형용사 : 나를 ~한 상태로 만든다.

You make me sick. (넌 날 지겹게 만들어.)

You make me so tired. (넌 날 정말 피곤하게 해.)

You make me happy. (넌 날 행복하게 해.)

Quit (stop) ~ing : ~를 멈추다

 **DRILL** · 음성을 들으며 원어민 속도로 따라 말해 보는 시간.

그냥 혼잣말하고 있었어.

I was _____ .

이야기를 시작하면 끝까지 해야지.

If you _____ .

 **덤 & THE MORE** · 텍스트메시지 or 채팅할 때 자주 쓰이는 줄임말.

 NP

No problem. (문제없어.)

MP3_DIA08

I'LL GET BACK TO YOU.

내가 다시 전화할게.

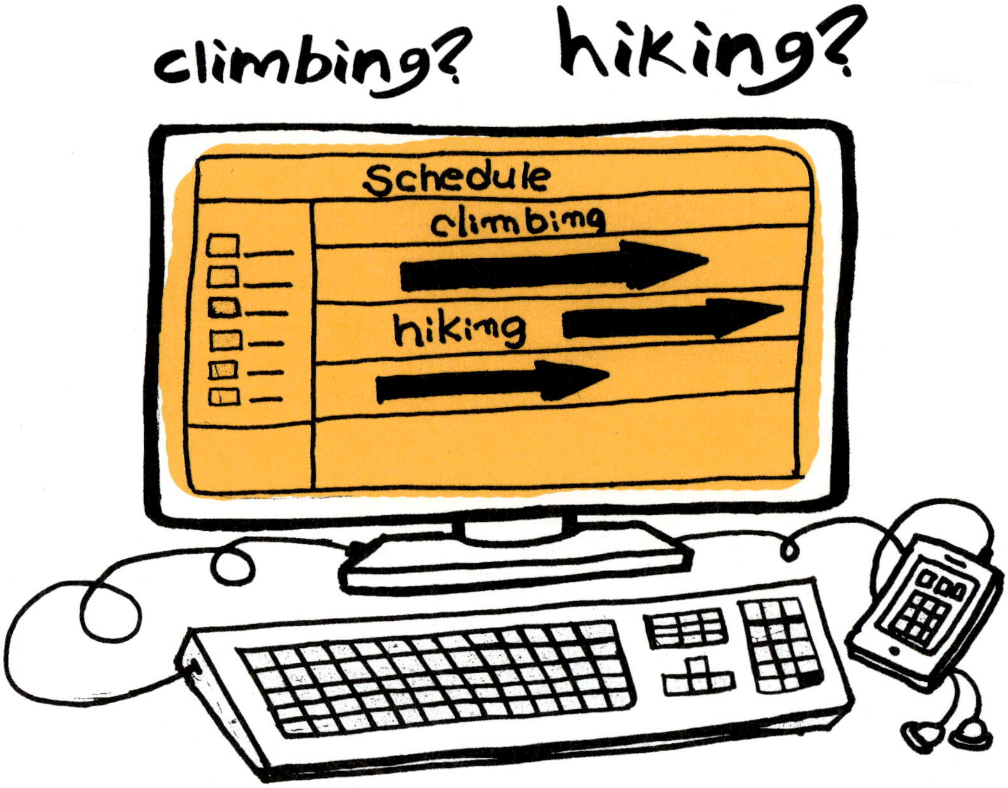

climbing? hiking?

Schedule

climbing

hiking

Hey, Michelle how about joining us for **hiking** on a mountain?
미셸, 우리 하이킹 가는데 같이 갈래?

When will you go?
언제 가는데?

We are going to start early Sunday morning.
일요일 아침에 출발할 거야.

Oh, sounds good. But I need to check my schedule on Sunday.
와, 좋아. 근데, 나 일요일 스케줄 좀 확인해봐야 해.

I'll get back to you soon.
내가 다시 전화할게.

hiking 등산, 하이킹 * climbing 암벽등반

"How about joining us for hiking on a mountain."
(우리 하이킹 가는데 같이 갈래?)에서 'how about ~ing'은 '~하는 게 어때'를 나타내는 구문이고, 'join 사람 for(in) 명사'는 '~에 같이 참여하다'를 의미합니다.

알렉스가 미셸에게 산으로 하이킹을 함께 가자고 제안하는데요. 우리가 흔히 가는 '등산'을 영어로 'climbing'이라고 말하는 경향이 있는데, 실은 이것은 잘못된 표현입니다.

'climbing'은 등산이라기보다는 '암벽타기'라고 해야 알맞은 표현이고 여기에서 말하는 등산은 'hiking'이라고 해야 합니다.

미셸이 스케줄을 확인해보고 다시 전화하겠다고 하는데요. "I'll call you again."이나 오늘의 한마디 "I'll get back to you soon."(내가 곧 다시 전화할게.)을 사용하면 됩니다. 또한, 전화를 받은 상황이라면 다시 전화를 해주겠노라며 "I'll call you back."이라고 말할 수 있겠네요.

✅ CHECK POINT

How about ~ing / Why don't you 동사원형 : ~하는 게 어때?

How about joining us for hiking? (하이킹 가는데 같이 갈래?)

How about going out for a drink tonight? (오늘 저녁에 한 잔 하러 나가는 건 어때?)

Why don't you join us for hiking? (하이킹 가는데 같이 갈래?)

check one's schedule : ~의 스케줄을 확인하다

I need to check my schedule. (스케줄 좀 확인해 봐야해.)

get back to 사람 : (남에게 전화나 편지를 받은 후) 곧 다시 전화/편지를 하다

I'll get back to you. (내가 다시 전화할게.)

= I'll call you back.

= Let me call you back.

= I'll call you later.

🔄 DRILL

나중에 알려 줄게.

I'll _____ .

가도록 노력할게요.

I'll _____.

같이 당구 치실래요?

Care to _____ ?

➕ 덤 & THE MORE

 HF

Have fun. (좋은 시간 보내.)

THIS WEEK HAS REALLY GONE BY FAST.

이번 주는 정말로 빨리 지나갔네.

Wow, it's Friday again.
와, 다시 금요일이다.

This week has **gone by** so fast.
이번 주는 정말 빨리 지나갔네.

That's nice.
좋은 거야.

Time flies when you are having fun.
네가 재미있게 지낼 때 시간은 빨리 가는 법이야.

Let's **kick back** some beers tonight anyway.
그나저나, 오늘 밤에 맥주나 한잔 하자.

⭐ go by 지나가다 kick back 쉬다

우리가 흔히 하는 말 중에 "시간 참 빠르다."라는 말이 있죠.

영어에도 이와 같은 표현들이 있는데요.

바로 **"Time flies."**입니다. 직역하면, '시간이 날아간다.'이지만 그 참뜻은 "시간이 빠르다."입니다.

"Time flies when you are having fun."(네가 재미있게 지낼 때 시간은 빨리 가는 법이야.)

또한, 오늘의 한마디 **"This week has really gone by fast."**(이번 주는 정말 빨리 지나갔네.)도 매우 많이 쓰이는 표현으로 업무가 끝나는 금요일이나 주말에 사용하면 적절하겠죠?

go by : ～를 지나가다

Don't let this chance go by. (이 찬스를 놓치지마.)

kick back = relax, take a rest

I'm just gonna kick back home this weekend. (이번 주말엔 그냥 집에서 쉴래요.)

Let's kick back some beers tonight anyway.

* 본문에서 "kick back some beers"는 "맥주나 한잔 하면서 relax하다" 정도를 뜻합니다.

 **DRILL**   • 음성을 들으며 원어민 속도로 따라 말해 보는 시간.

오늘이 수요일인 줄 알았어요.

I thought _____ .

이번 주는 나한텐 정말 힘들었다.

This week _____ .

이번 주말에 미쳐 버리자! – 신나게 놀자는 말

Let's go _____ !

 **덤 & THE MORE**   • 텍스트메시지 or 채팅할 때 자주 쓰이는 줄임말.

 GA

Go ahead. (그렇게 하세요.)

MP3_DIA10

JUST BE YOURSELF.

그냥 너답게 행동해.

nervous

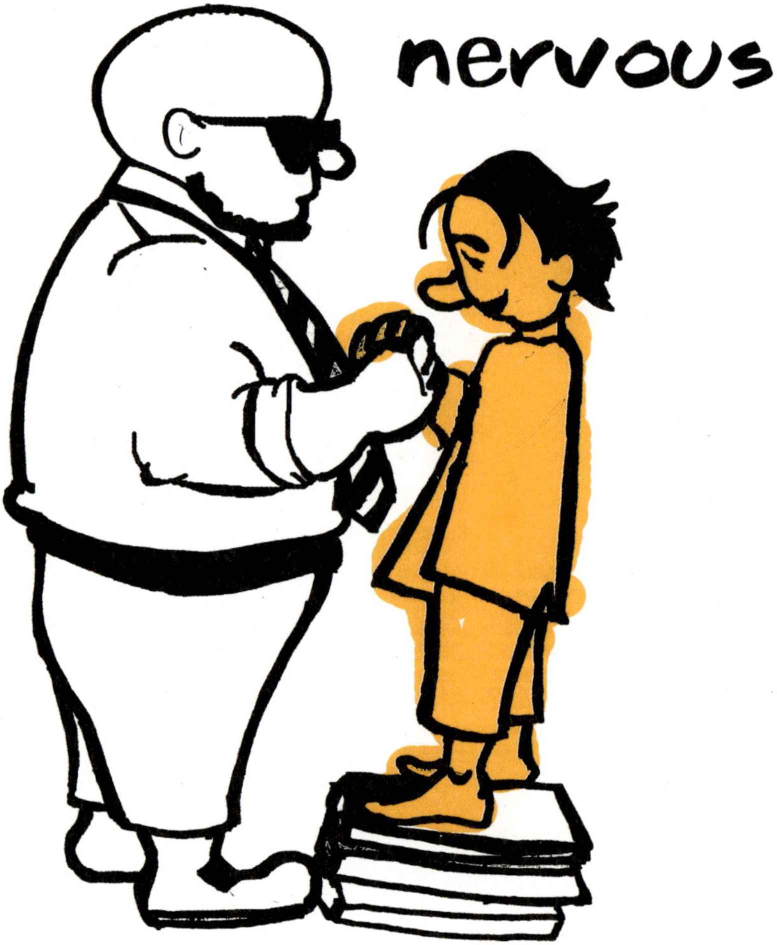

Oh, I'm so *nervous*.
오, 되게 긴장된다.

Yeah, I know how you feel.
그래, 얼마나 떨릴지 이해가 간다.

It's always like that when meeting a girlfriend's parents *for the first time.*
원래 여자 친구의 부모님을 처음 만날 때는 그런 거야.

But relax and just be yourself.
긴장 풀고 평소의 너답게 행동해.

Then they will like you a hundred percent.
그러면 그녀의 부모님이 널 100퍼센트 맘에 들어 하실 거야.

You are one of the greatest people I know.
너는 내가 아는 가장 멋진 사람들 중 하나야.

nervous 초조한 for the first time 처음으로

오늘은 에릭이 여자 친구의 부모님을 처음 만나는 날입니다.

무척 긴장되겠죠? 이러한 에릭에게 크레그가 격려를 하고 있네요.

"I know how you feel."(네가 어떻게 느낄지 알아.)는 오늘과 같은 상황에서나, 상심한 사람에게 위로의 표현으로 사용할 수 있는 표현입니다.

또한 **"It's always like that."**(원래 그런 거야.)도 많은 상황에서 사용할 수 있는 표현이므로 기억해 두세요.

오늘의 한마디 **"Relax and just be yourself."**(긴장 풀고 너답게 행동해.)에서 **'Just be yourself'**는 말 그대로 '너 자신이 되라.'입니다.

다시 말해, 평소의 본인답게 행동하라는 의미이죠.

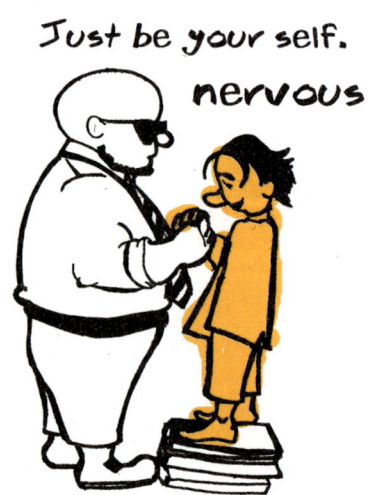

✅ CHECK POINT

※ 주요 표현을 만나보고 되새겨보는 시간.

I know 의문사 주어 동사 : 의문사에 따라 다양한 표현이 생김

I know what you did last summer. (나는 네가 지난 여름에 한 일을 알고 있다.)

I know why you came here. (난 당신이 왜 여기 왔는지 알고 있어요.)

l know who you are. (나는 당신이 누군지 알아.)

It's always like that. : 이건 원래 그런 거야.

Just be yourself: 그냥 너답게 행동해.

🔄 DRILL

※ 음성을 들으며 원어민 속도로 따라 말해 보는 시간.

그냥 자연스럽게 행동해요.

Just _____.

긴장하면 실수하고 말 거야.

If you _____.

네가 가장 잘하는 것을 해.

Do _____.

➕ 덤 & THE MORE

※ 텍스트메시지 or 채팅할 때 자주 쓰이는 줄임말.

🔹 A/S/L (ASL)

Age / Sex / Location

(나이 / 성별 / 위치를 한꺼번에 묻는 말로 자기소개를 부탁한다는 뜻)

AMERICANS DON'T KNOW THEIR BLOOD TYPE.

미국인들은 그들의 혈액형을 모른답니다.

Erick What is your blood type?
너 혈액형이 뭐야?

Lorain Blood type? Um... I don't know.
혈액형? 음… 몰라.

I've never thought I had to know it.
알 필요가 있다고 생각해 본적이 한번도 없는데.

Erick What? Really?
뭐? 정말?

That's so weird!
와, 되게 이상하다!

People usually know their blood types in Korea and like to talk about it.
한국에서 대부분의 사람들은 자기 혈액형을 알고 있고 또 그것에 대해서 얘기하는 걸 좋아해.

Many Koreans believe that blood types determine human personality.
많은 한국인들이 혈액형이 사람의 성격을 결정한다고 생각하거든.

Lorain Wow! No kidding? I've never heard about that.
와! 정말? 난 그런 거 들어본 적이 없어.

이 글을 읽고 계시는 분들 모두, 자기 혈액형 알고 계시겠죠! 본인이 한국사람이라면요. ^^
하지만 오늘 본문에서 보시는 바와 같이 대부분의 미국인은 자신들의 혈액형을 모르고 있답니다. 정말 이상하죠!
입장 바꿔 생각해 본다면, 국민 대다수가 자신의 혈액형을 알고 있을 뿐만 아니라, 그것을 소재로 삼아 자주 얘기하곤 하는 우리나라가 매우 이상해 보일 수도 있겠네요!

EPISODE

EPISODE 11

MP3_DIA 11

I BLEW IT.

나 망쳐 버렸어.

How was your presentation?
프레젠테이션 어땠어?

Last night you stayed up almost all night preparing for it.
지난밤에 자네 그거 준비하느라 거의 밤새웠잖아.

Oh, my! Don't talk about it, please.
맙소사! 말도 마세요.

I **blew** it.
망쳐 버렸어요.

Oh, I'm sorry to hear that.
거 안됐네.

But you have one more chance next week.
하지만, 자네 다음 주에 기회가 한번 더 있잖아.

Don't worry.
걱정하지 마.

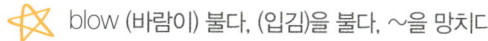

blow (바람이) 불다, (입김을) 불다, ~을 망치다

알렉스가 오늘 회사에서 중요한 프레젠테이션이 있었네요.

"How was your presentation?"(프레젠테이션 어땠어?)이라는 문장은 어떠한 일의 결과를 물어볼 때 아주 요긴하게 쓸 수 있습니다.

"How was it?"을 꼭 기억해 두세요. '**How was ~?**' 이런 식으로 끝을 바꾸어 가며 응용할 수도 있겠네요.

하지만 결과가 좋지 않았던 알렉스는 **"I blew it."**(나 망쳐 버렸어요.)이라고 대답합니다. 말 그대로 어떤 일을 망쳤을 때 흔히 사용되는 표현입니다.

동사 '**blow**'가 기본형이고요. 이와 비슷한 표현으로는 **"I messed it up."**(나 일을 망쳐버렸어요.)이 있죠.

반면, 일이 잘 풀렸을 땐 **"It was successful."**, **"It was great."**이라고 말해보세요.

✅ CHECK POINT

How was your presentation? (프레젠테이션 어땠어요?)

= How did your presentation go?

= How did you go?

How was ~ : ～가 어땠니?

How was the first date? (첫 데이트 어땠어?)

How was the movie? (그 영화 어땠어요?)

Stay up ~ing : ～하면서 밤을 지새다.

Last night you stayed up almost all night preparing for it.

(지난 밤에 자네 그거 준비하느라 거의 밤을 새웠잖아.)

I stayed up all night last night studying English. (어제 밤 영어공부 하면서 밤 샜어.)

I blew it. : 나 망쳐 버렸어. 망쳤어.

같은 표현으로 'I failed.' , 'I messed it up.'

🔄 DRILL

더 잘 될 수 있었지만 괜찮았어.

It could _____ .

면허시험에 떨어졌어.

I blew _____, _____ .

아주 멋지게 합격했어요.

I passed _____ .

EPISODE *12*

MP3_DIA 12

IT'S NOT THE END OF THE WORLD.

세상이 다 끝난 게 아니야. (너무 걱정하지마.)

It's my father's car!

Oh my God! I **crashed** against the **post**.
오 맙소사! 나 전봇대에 박았어.

It's my father's car. I'm dead.
이거 우리 아버지 차야. 난 이제 죽었다.

Don't worry too much.
너무 걱정하지 마.

It's not the end of the world.
세상이 다 끝난 게 아니야.

The **damage** is not that big.
손상이 그리 크진 않아.

You'll have your car **repaired** and it'll look like new.
수리 받고 나면 새것처럼 보일 거야.

crash 충돌하다, 자동차 충돌, 사고 post 진봇대, 기둥
damage 손상, 피해 repair 수리하다

제이슨이 아버지 차를 몰고 나왔다가 그만 전봇대를 들이박았네요.

"**I crashed against the post.**"(너 전봇대에 박았어.)에서 '**crash against**'는 '~에 들이박다'의 뜻입니다.

자신의 차도 아닌 아버지의 차로 사고를 내고는 "**I am dead.**"라고 말하는데요.

같은 뜻으로, "**I'm history.**"라고 말하기도 합니다.

두 표현 모두 많이 쓰이니깐 꼭 기억하세요.

당황하는 제이슨에게 에릭은 "**Don't worry too much, man.**"(너무 걱정하지 마.)라고 얘기합니다. 그리고 상대방에게 너무 걱정하지 말라고 위로하며 "**It's not the end of the world.**"(세상이 다 끝난 게 아니야.)라는 말을 건네네요.

✔ CHECK POINT

주요 표현들을 만나보고 되새겨보는 시간.

crash against ~ : ~에 들이 박다
I crashed against the post. (전봇대에 박았어.)

run over a person : 사람을 치다

not that big : 그리 크지 않은

not that much/many : 그리 많지 않다
The damage is not that big. (손상이 그리 크진 않아.)

have 명사 p.p : ~을 (p.p)한 상태로 만들다
You'll have your car repaired. (너는 네 차를 수리할거야.)

🔄 DRILL

음성을 들으며 원어민 속도로 따라 말해 보는 시간.

우리는 끝장이다.
We are _____ .

그만큼 나쁘지는 않아요.
It's _____.

페인트칠만 하면 아버지가 모를 거야.
Put some _____ .

➕ 덤 & THE MORE

텍스트메시지 or 채팅할 때 자주 쓰이는 줄임말.

🔖 *HAGD*

Have a good day. (좋은 하루 되세요.)

EPISODE 13

I'M EASY.

MP3_DIA13

난 아무거나 괜찮아.

Wow! There are lots of **dishes** on the menu.
와! 메뉴에 요리가 너무 다양하다.

I don't know what to choose.
무엇을 선택해야 할지 모르겠어.

Hey, Craig! What would you like to have?
크레그! 넌 무엇을 먹을래?

Um, I'm easy.
음, 난 아무거나 괜찮아.

Whatever you want. I'll **follow** you.
아무거나 네가 시키는 걸로 따라갈게.

dish 요리, 접시 follow 따르다 * picky 까다로운

우리는 흔히, 음식점에 가면 매번 같은 고민을 하게 되죠.

'무엇을 주문할까?'라고요.

이럴 때 우리는 잠시 고민하다가 선택하기도 하지만, 가끔 딱히 당기는 게 없을 땐, "그냥 아무거나 먹을래."라고 말하기도 하죠.

"I'm easy."(아무거나 괜찮아.) **'easy'**는 '쉬운', '편안한', '태평스러운' 등의 다양한 뜻이 있는 형용사인데요.

여기서 **easy**도 위와 비슷한 맥락에서, 선택하는 데 있어서 '까다롭지 않고 쉬운' 정도의 느낌으로 사용됩니다.

음식을 선택할 때뿐만 아니라 여러 가지 선택의 상황에서도 두루 쓰이는 표현이죠.

I'm easy. I'm easy. It doesn't to me.

✔ CHECK POINT

know what to 동사 : 무엇을 ~할 지 알다
I don't know what to choose. (무엇을 선택해야 할지 모르겠어.)
I don't know what to say. (뭐라고 말해야 할지 모르겠어.)
I don't know what to do. (뭘 해야 할지 모르겠어.)

Easy : 까다롭지않은, 소탈한
I'm easy. (난 아무거나 괜찮아.)
= I'm not picky. (난 까다롭지 않아요.)

Whatever 주어+동사 : ~가 ~하더라도/아무거나 ~가 ~하는 것
* 해석은 앞 뒤의 맥락에 따라 다소 달라질 수 있지만, 대부분 맥락과 의미상 저절로 해석되니까 어렵지 않다는 것!
Whatever you want.
(당신이 원하는 무엇을 원하더라도/아무거나 네가 원하는 것.)
Whatever you did. (당신이 무엇을 했더라도)
Whatever you cook. (당신이 요리하는 어떤 것이라도)
Whatever you buy me. (당신이 나에게 사주는 어떤 것이라도)

↻ DRILL

나는 상관 안 해요. / 상관없어요.

It doesn't _____.

저 대신 선택해주세요.

Could you _____?

✚ 덤 & THE MORE

🔊 *M or F?*

Male or female? (남자니, 여자니?)

MP3_DIA14

LET ME CATCH MY BREATH.

숨 좀 돌리자.

Hey, Erick! Come and help me write this report.

에릭! 이리 와서 이 보고서 쓰는 것 좀 도와줘.

Kathy, I just got back from work now.

케씨, 나 이제 막 퇴근하고 들어왔어.

Let me catch my breath.

나 숨 좀 돌리자.

Alright, I am sorry. I was just in a **hurry** to write this report.

그래, 알았어. 미안해. 나 그냥 보고서 쓰는 게 급해서.

The **deadline** is tomorrow. Please...

내일이 마감일이야. 제발…

hurry 서두르다, 서두름, 급함   deadline 마감시한

힘들게 일하고 막 퇴근해 들어오는 에릭에게 캐씨가 보고서 쓰는 것을 도와달라고 하고 있죠.

이러한 맥락에서 에릭은 "나 숨 좀 돌리자."라고 말합니다.

"Let me catch my breath."는 우리말의 표현 방법과 매우 비슷하군요.

그리고 **"I got back from work now."**(나 이제 막 퇴근하고 돌아 왔잖아.)에서 **'get back from work'**는 '퇴근하고 돌아오다'를 의미하는 표현이란 것도 꼭 익혀 두시기 바랍니다.

"I am in a hurry."는 "나 지금 바빠." 또는 "지금 급해."의 뜻인데요, ~하는 것이 급하다고 얘기할 때는 'to + 동사원형'을 곁들이기만 하면 됩니다.

"I was just in a hurry to write this report."(나 그냥 보고서 쓰는 게 급했어.)

✅ CHECK POINT

*주요 표현을 만나보고 되새겨보는 시간.

come and 동사 : 이리 와서 ~하세요
Come and help me write this report.
(이리 와서 이 보고서 쓰는 것 좀 도와줘요.)

get back from work : 퇴근하다

be동사 in a hurry to 동사원형 : ~하느라 바쁘다
I'm in a hurry to get to the airport. (공항 가느라 바빠요.)
I'm in a hurry to prepare for class. (수업 준비 하느라 바빠요.)

🔄 DRILL

*음성을 들으며 원어민 속도로 따라 말해 보는 시간.

숨이 턱까지 찼어.
I'm _____.

몇 분 좀 쉬고 도와줄게.
Give me_____ , _____ , _____.

난 녹초가 됐어/지쳤어.
I'm _____.

➕ 덤 & THE MORE

*텍스트메시지 or 채팅할 때 자주 쓰이는 줄임말.

 IC

I see. (알겠습니다.)

SUIT YOURSELF.

MP3_DIA15

네 맘대로 해.

I'm going to go to the party.
나 그 파티에 갈 거야.

Alright, **suit** yourself.
좋아, 네 맘대로 해.

As long as you are ready for the presentation tomorrow.
네가 내일 프레젠테이션에 준비가 되었다면야.

I'll do that work right after **coming back** from the party.
파티에서 돌아오자마자 준비할 거야.

Are you sure that you can do it after drinking a lot of **alcohol**?
너 술 잔뜩 마신 후에 할 자신 있어?

Umm...
으이구...

suit ~에 잘 맞다, ~에 어울리다 alcohol 술, 알코올 come back 돌아오다

할 일은 많고 파티에서 놀고는 싶고, 우리가 일상생활 속에서 자주 하는 고민이죠! ^^

프레젠테이션 준비도 안 하고 파티에 가려는 죠지에게 로날드가 한마디 합니다. 바로 오늘의 한마디죠. **"Suit yourself."** (네 맘대로 해라.) 유사한 표현으로 **"Do as you want."**(네가 원하는 데로 해라.)가 있습니다.

또한, 놓치지 말아야 할 추가 표현은 **'as long as'**(~하는 한, ~하기만 한다면)이죠. **'As long as you are ready'**, '당신이 준비되어 있기만 한다면'으로 해석됩니다.

미국의 5인조 댄스 보컬 그룹 **'Backstreet Boys'**의 노래 **'As long as you love me'**(당신이 나를 사랑하기만 한다면)로 꽤 익숙해진 표현이기도 합니다.

✔ CHECK POINT

주요 표현을 만나보고 되새겨보는 시간.

be going to : ~할 예정이다
I'm going to go to the party. (나 그 파티에 갈 거야.)
as long as 주어 동사 : ~하기만 한다면
as long as you are ready for the presentation tomorrow.
(네가 내일 프레젠테이션에 준비가 되었다면야.)
as long as you love me. (네가 날 사랑하기만 한다면.)
as long as you keep your promise. (네가 약속을 지키기만 한다면.)
as long as you make it in time. (네가 시간을 지키기만 한다면.)

right after : ~한 즉 후에
right after coming back from the party (파티에서 돌아오자마자)

Are you sure (that 절)? : (~라고) 확실해?
Are you sure that you can do it? (그거 할 수 있을 거라 확신해?)

↻ DRILL

음성을 들으며 원어민 속도로 따라 말해 보는 시간.

네가 좋아하는 대로.
Whatever _____.

실망시키지 말아요.
Don't _____.

너 할 수 있겠니?
Are you _____?

➕ 덤 & THE MORE

텍스트메시지 이나 채팅할 때 자주 쓰이는 줄임말.

🌰 *SRY*

Sorry. (미안하다.)

Suit yourself. | **77**

EPISODE 16

I DON'T HAVE TIME TO BREATHE.

숨쉴 틈 없이 바빠요.

MP3_DIA16

Erick, you forgot me...!

Erick, you **forgot** me!
에릭, 넌 나를 잊어버렸구나!

You haven't **contacted** me for some time.
너 나한테 오랫동안 연락도 없고 말이야.

You are so bad.
너 나빠.

Oh, Julia! I'm so sorry.
오, 줄리아! 정말, 미안해.

I don't have time to **breathe** these days.
나 요즘 숨실 틈 없이 바빠서 그래.

Believe me, I started working on a new project.
믿어줘. 나 새 프로젝트 시작했거든.

forget 잊다 contact 연락하다, 접촉하다 breathe 숨쉬다

여러분도 매우 바쁘시죠? 얼마만큼 바쁘세요? 이런 질문을 받으면 아마 몇몇 분은 "숨 쉴 틈도 없이 바빠요."라고 대답하시겠죠?

오늘의 한마디 "I don't have time to breathe."는 직역하면, "나 숨쉴 시간이 없어."입니다.

그리고 "You haven't contacted me for some time."(넌 오랫동안 연락하지 않았어.)에서 '연락하다'를 뜻하는 동사로 'contact'라는 것과 'for some time'은 '오랫동안'의 뜻이란 것도 알아두세요.

유사한 표현으로는 "I don't have time to scratch my ass." (난 엉덩이 긁적일 시간조차 없이 바빠.)가 있습니다.

Erick, you forgat me...!

✔ CHECK POINT

*주요 표현을 만나보고 되새겨보는 시간.

haven't p.p : ～을 (특정기간 동안)하지 않았다

for some time = for a while : 꽤 오랜 시간

You haven't contacted me for some time. (당신 나한테 오랫동안 연락도 없었어.)

work on 목적어 : (～에 대한) 일을 하다

I'm working on my homework. (숙제 하고 있어.)

I'm working on the sales report. (판매 보고서 쓰고 있어.)

time to 동사 : ～할 시간

I don't have time to date. (데이트 할 시간이 없어요.)

↻ DRILL

*음성을 들으며 원어민 속도로 따라 말해 보는 시간.

바빠 죽겠어요.

I'm _____.

난 여가가 뭔지 조차 잊어버렸어.

I forgot _____ '_____' _____ .

너 좀 쉬어야겠다. (breather: 한숨 돌리기 – 잠깐의 휴식)

You need _____ .

➕ 덤 & THE MORE

*텍스트메시지 or 채팅할 때 자주 쓰이는 줄임말.

 *TTYL*

Talk to you later. (나중에 얘기하사. / 나중에 봉화하자.)

MP3_DIA17

ANOTHER DAY, ANOTHER DOLLAR.

그냥 입에 풀칠할 만큼.

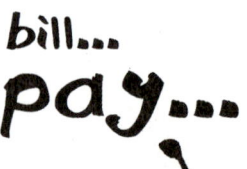

bill...
pay...

you sound tired.

Hey, Craig! How was work today?
이봐, 크레그! 오늘 일이 어땠어?

Not too bad I guess.
그리 나쁘지는 않았던 것 같아.

Another day, another dollar.
그냥 입에 풀칠할 만큼이지 뭐.

You don't sound very happy with your job.
네 일에 대해 그리 행복해 보이지 않는구나.

I can't say many good things about it but it **pays** the **bills**.
내 일에 대해 그리 좋다고 말할 순 없어. 하지만, 밥벌이는 되지.

Hey, that's better than some other jobs.
그래, 그보다 못한 다른 직업들보다는 나은 거야.

pay 지불하다   bill 청구서

오늘 표현 "**Another day, another dollar.**"는 그 뜻이 다소 의외죠.

"그냥 입에 풀칠할 정도"라는 의미입니다.

'**Another day** – 하루 일하고, **another dollar** – 1달러 벌고'입니다. 그야말로 일을 해서 돈을 벌긴 벌지만 작은 액수를 번다는 것을 의미하죠.

그래서 어떤 직업이 수입 면에서 결코 만족할 수는 없지만, 작은 액수라도 벌기도 하고, 또한, 그보다 못한 다른 일들보다는 낫다고 생각할 때 사용하는 다소 긍정적인 표현입니다.

bill...
pay...   you sound tired.

✅ CHECK POINT

sound 형용사 : (어떠한 말 등을 통해)~하게 들리다, ~해 보인다

You sound happy. (너 행복해 보인다.)

You sound tired. (너 지쳐 보여.)

🔄 DRILL

이 직업은 최소한 없는 거 보다는 나아.

This job _____.

불평할 정도로 나쁘지는 않다.

I can't _____.

먹구름도 뒤쪽은 은빛으로 빛난다. (괴로움이 있는 반면에 즐거움도 있다.)

Every cloud _____.

➕ 덤 & THE MORE

🔹 *LOL*

Laughing out loud. (크게 소리 내어 웃음을 표현한 것)

MP3_DIA 18

I WAS BLOWN OFF.

나 씹혔어.

I can't reach her.

Oh. that's bad!

Do you know where Sophia is?
너 소피아 어디 있는지 알아?

I can't reach her.
연락이 안되네.

Good question! I also would like to know where she is.
좋은 질문이야! 나도 그녀가 어디 있는지 알고싶어.

I **phoned** her **a couple of times** but I was **blown off**.
전화를 여러 번 했는데 씹혔어.

Oh, that's bad.
오, 그러면 안되지.

But sometimes it happens, especially while she's **on vacation**.
근데, 소피아가 쉬는 날에는 가끔 그런 일이 있더라.

phone 사람 ~에게 전화하다, 전화, 전화기 a couple of times 두세 번
blow 사람 off (만나기로 한 약속 등을) 어기다, 바람 맞추다
on vacation 휴가(휴일)중인

오늘의 한마디는 너무 재미있는 표현이죠.

"I was blown off."(나 씹혔어.)는 요즘, 젊은 층이 주로 사용하는 속어로 한국에서도 '씹혔어'라는 표현이 무척 자주 쓰이고 있죠?

만약 누군가를 몇 번 불렀는데 돌아보지 않거나, 이메일이나 전화를 했는데 답장이 없거나 전화를 받지 않는 경우에 사용하는 표현입니다.

"I can't reach her."(연락이 안 되네.)에서 'reach'는 '연락이 닿다'의 뜻으로 쓰이는 동사라는 사실도 유념해 주세요.

I can't reach her.

Oh. that's bad!

✅ CHECK POINT

*주요 표현을 만나보고 되새겨보는 시간.

reach : ~와 연락하다, 연락이 닿다

= get a hold of

I can't reach her. (그녀와 연락이 안되.)

= I couldn't get a hold of her.

🔄 DRILL

*음성을 들으며 원어민 속도로 따라 말해 보는 시간.

너 에릭한테 연락할 수 있니?

Can you _____?

크레그가 없어졌다!

Craig has _____!

➕ 덤 & THE MORE

*텍스트메시지 or 채팅할 때 자주 쓰이는 줄임말.

🖊 *GTG (G2G)*

Got To Go (가야 해, 가야겠어)

MP3_DIA19

SLOW DOWN!

속도 좀 줄여요!

Hey, slow down.
이봐, 속도 좀 줄여.

You're **speeding**.
너 지금 과속하고 있어.

Don't worry, buddy.
걱정 마, 친구.

We need to **speed up** more.
우린 좀 더 속력을 내야 해.

We don't have enough time to get there.
목적지까지 가려면 시간이 충분하지 않아.

Oh, man! Do you see?
오, 이런! 보여?

A **cop** is on our **tail**.
경찰이 우리 뒤를 쫓아오고 있어.

 speeding 과속 speed up 속도를 높이다 cop 경찰 tail 꼬리

미국이나 캐나다와 같이 땅덩어리가 넓은 지역에선 자동차는 필수품입니다. 그래서 많은 한국 유학생들이 값싼 중고차를 사거나 차량을 렌트해서 그 지역을 여행하는 경우가 종종 있습니다.

이럴 때 오늘의 표현을 사용하면 좋겠습니다.

"Slow down."(속도를 줄이세요.)과 함께 **"Speed up."**(속도를 높여요.)도 함께 알아두세요.

속도를 지나치게 높여서 **'speeding'**(과속)을 하면 위험할뿐더러 경찰에게 붙잡힐 수도 있겠죠!

"A cop is on our tail."(경찰이 우리 뒤를 쫓아오고 있어.)은 사용할 일이 없으시길 바랍니다.

Slow down. (속도를 줄여요. / 좀 느긋하게 하세요.)

speeding : 과속
You're speeding. (당신 지금 과속하고 있어요.)
lane violation (차선 위반)
parking violation (주차 위반)
traffic signal violation (신호 위반)

get there : 거기에 도달하다
We don't have enough time to get there.
(거기까지 가려면 시간이 충분치 않아요.)

be on the tail : ～가 쫓아오다
A cop is on our tail. (경찰이 우리 뒤를 쫓아오고 있어.)

 **DRILL**　　　　* 음성을 들으며 원어민 속도로 따라 말해 보는 시간.

액셀러레이터를 꾹 밟아! (속도를 높여!)
Put _____ !

경찰이 있나 살펴봐요.
Keep _____.

 **덤 & THE MORE**　　　* 텍스트메시지 or 채팅할 때 자주 쓰이는 줄임말.

 BTW

by the way (그런데)

MP3_DIA20

AM I TRANSPARENT?

내가 너무 속보이나요?

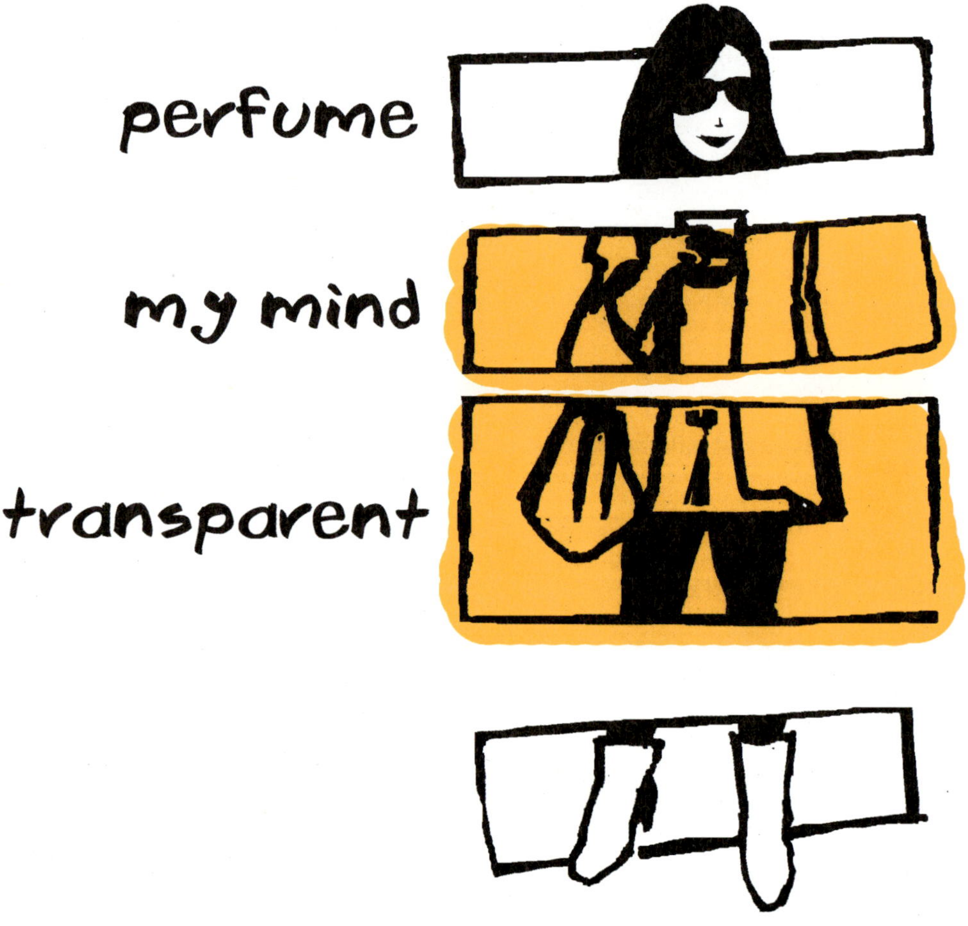

perfume

my mind

transparent

Lisa, you're beautiful today.
리사, 너 오늘 정말 예쁘다.

Your shoes are beautiful and your _perfume's_ so nice.
신발도 예쁘고, 향수냄새도 너무 좋은데.

Hey! Why are you _complementing_ me now?
이봐, 친구! 너 지금 왜 이렇게 날 칭찬하는 거지?

What do you want from me?
나한테서 뭐가 필요해?

Do you need some money?
너 돈 필요하니?

Ha ha! Am I _transparent_?
헤헤! 내가 너무 속보이나?

 perfume 향수 complement 칭찬하다, 칭찬
transparent 투명한, 속이 뻔히 들여다 보이는

오늘의 한마디는 너무 재미있는 표현입니다.

'transparent'는 형용사로서 '투명한'(반대편)이 비쳐 보이는'
의 뜻입니다.

"Am I transparent?"(내가 너무 속보이나요?) 한국어에도 똑 같
은 표현이 있으니 기억하시기 쉬울 거에요.

그런데 조가 리사를 몹시 칭찬하고 있죠?

신발도 예쁘다고 하고 향수도 냄새가 좋다고 하면서 말입니다.

"Your shoes are beautiful and your perfume's so
nice."

실제로 영어권 국가에서 여성에게 이 문장을 사용해보세요.

여성이 무척 기뻐할 겁니다.

이 문장은 남성이 여성을 칭찬할 때 흔히 사용되는 표현이기때
문입니다.

✅ CHECK POINT

complement 사람 : ~를 칭찬하다

Please, complement me. (제발 날 칭찬해줘.)

Try to complement your daughter. (딸을 칭찬하도록 노력해봐.)

🔄 DRILL

내 마음을 읽었네.

You _____.

어떻게 알았어?

How _____?

내 말이! (내 말이 그 말이야!)

That's _____, _____!

➕ 덤 & THE MORE

 DIKU?

Do I know you? (내가 당신을 아나요? 내가 아는 사람인가요?)

DELIVERY SERVICE IS NOT FREE IN THE US.
미국에서 배달비용은 공짜가 아니에요!

(They are shopping on the net.) 그들은 인터넷에서 쇼핑을 하고 있다.

Ken
Wow, that's really cheap!
와우, 되게 싸다!

Take a look! $650 for a really nice desk!
봐봐! 완전 좋은 책상 한대가 650달러야!

I think I'm gonna order one from this online store.
나 여기 온라인 스토어에서 하나 주문해야겠어.

Todd
But... You're going to pay a lot more than that, buddy.
하지만, 너 이보다 훨씬 더 많이 내야 될 거야.

Look at this! The delivery fee is $200.
여기 봐! 운송료가 200달러야!

Ken
Yikes! That's too bad.
에쿠! 저런!

I couldn't expect this.
난 이럴 줄 미쳐 몰랐어.

Delivery is free or just cheap in Korea.
한국에서 배달은 공짜거나 아주 싸거든.

비단, 미국뿐만 아니라 세계 어디에서 왔든지 한국의 "공짜"로 제공되는 서비스에 감탄하지 않는 사람은 없을 겁니다. 오늘 에피소드는 그 가운데, 배달/운송료에 관련된 내용인데요. 우리나라에서는 웬만한 배달이나 운송료는 무료이거나 매우 싼 편이지만, 미국이나 캐나다 등지에서는 인건비가 워낙에 비싸서, 물건이 혹시나 싸더라도, 운송료가 매우 비싸며, 심지어, 음식을 주문하더라도 배달원에게 'tip'을 따로 줘야 한답니다.
어때요? 우리나라 살기 좋죠?^^

EPISODE

MP3_DIA 21

COUNT ME IN.

나도 끼워줘.

Ok, join us!

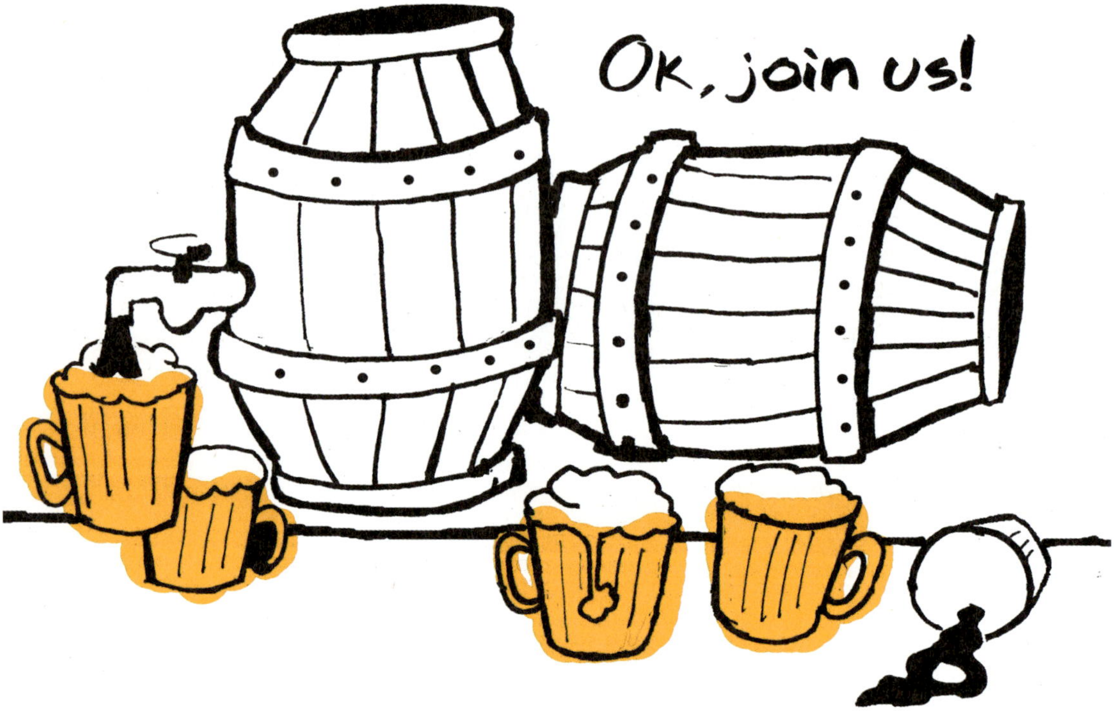

Are you guys going out for a drink tonight?
너네 오늘 밤 술 마시러 나가니?

If so **count** me in.
그렇다면, 나도 좀 끼워줘라.

Ok, **join** us.
좋아, 같이 가자.

I **found** a nice place recently.
최근에 좋은 곳을 하나 발견했어.

Why don't we go there?
우리 거기에 가자!

 count 포함시키다, 계산에 넣다 join 합류하다, 함께 ~하다 find 찾다

친구들이 술 마시러 가는데 크레그가 정말 따라가고 싶은 모양이네요.

이게 만약 미국의 한 대학교 기숙사 로비에서 이루어지는 대화라면, 이런 상황에서 **"Count me in."**(나도 좀 끼워 줘.)이라는 표현은 너무나 유용하겠죠. 이를 모른다면 황금 같은 주말 밤을 타향에서 홀로 외로이 보내야 할지도 모르니까요.

그럼 성가신 일에서 "나는 좀 빼줘."라는 말은 어떻게 하면 될까요? 이는 **"Count me out."**이라고 합니다.

어때요, 간단하죠?!

그럼, "같이 가자." **"Join us."**도 함께 익혀 두세요.

✔ CHECK POINT

go out for : ~하러 나가다

going out for dinner. (저녁 먹으러 나가다.)

going out for some fresh air. (바람 쐬러 나가다.)

going out for a walk. (산책하러 나가다.)

Count me in (나도 끼워줘.)

Count me out. (나는 빼줘.)

if so : 그렇다면

if not : 그렇지 않다면

Why don't we 동사? : ~하는 게 어때?, ~하자!

= Shall we 동사? --> Shall we dance? (우리 춤 출까요?)

= How about ~ing?

Why don't we go there? (우리 거기에 가는 게 어때요?)

* How about our going there?

↻ DRILL

나도 할 생각 있어. (남이 하자는 의견에 동의할 때)

I'm _____.

오늘 밤에 뭐 좀 색다른 걸 하자.

Let's _____.

나도 간다! (너무 하고 싶어서 이미 그곳에 가있다는 의미)

I'm _____!

ARE YOU SERIOUS?

너 정말이니?

MP3_DIA 22

I still like Betty I think.
나 아직 베티를 좋아하는 것 같아.

What? Oh, man! Are you *serious*?
뭐? 이봐! 너 그 말 진심이야?

But she's not your type.
그 여자가 네 이상형도 아니잖아.

She's as *plain* as vanilla ice cream.
그녀는 지극히 평범한 여자일 뿐이야.

I don't know... I miss her so much it hurts.
모르겠어. 보고 싶어 죽겠어.

Oh, my ... Love is *blind*.
아이고, 사랑은 아무도 못 말려.

 serious 진지한, 심각한 plain 평범한, 있는 그대로의 blind 눈이 먼, 보이지 않는 어떤 놀라운 소식을 접했거나 믿어지지 않아서 정말인지를 물을 때 한국인들은 모두 약속이나 한 것처럼 **"Really?"**(정말?)라고 말합니다.

물론 이것은 정확한 표현이긴 합니다만 획일적인 표현보다는 좀 더 풍성하고 다채로운 표현들을 함께 익혀두시면 좋겠죠.

오늘의 한마디 **"Are you serious?"**는 뭔가 믿기지 않거나 이치에 맞지 않는 상대방의 말에 대해 반응을 나타낼 때 쓰는 표현입니다. "너 정말이야?" "농담하는 것 아니지?" "너 제정신으로 하는 얘기야?" "말도 안 돼" 등의 넓은 뉘앙스를 지닙니다.

"She's as plain as vanilla ice cream." 여기서 어떤 사람이 바닐라 아이스크림처럼 '플레인'하다는 표현은 바닐라가 아무런 **'flavor'**(양념이나 맛)를 첨가하지 않은 것처럼, 아무 매력이 없는 지극히 평범한 사람임을 나타냅니다.

✔ CHECK POINT

주요 표현을 만나보고 되새겨보는 시간.

주어 동사 so much it hurts. : 아주 많이 ∼하다, 죽을 만큼 ∼하다

I miss her so much it hurts. (그녀가 보고 싶어 죽겠어.)

I cried so much it hurts. (너무 많이 울었어.)

I laughed so much it hurts. (너무 많이 웃었어.)

↻ DRILL

음성을 들으며 원어민 속도로 따라 말해 보는 시간.

너 농담하는 거지, 그렇지?

You're _____ , _____?

제 눈에 안경.

Beauty is _____.

너 정말 그녀에게 반했구나!

You really _____!

➕ 덤 & THE MORE

텍스트메시지 or 채팅할 때 자주 쓰이는 줄임말.

 JK

Just kidding. (그냥 농담이야.)

MP3_DIA 23

I FEEL PRETTY LOW.

나 지금 저기압이야.

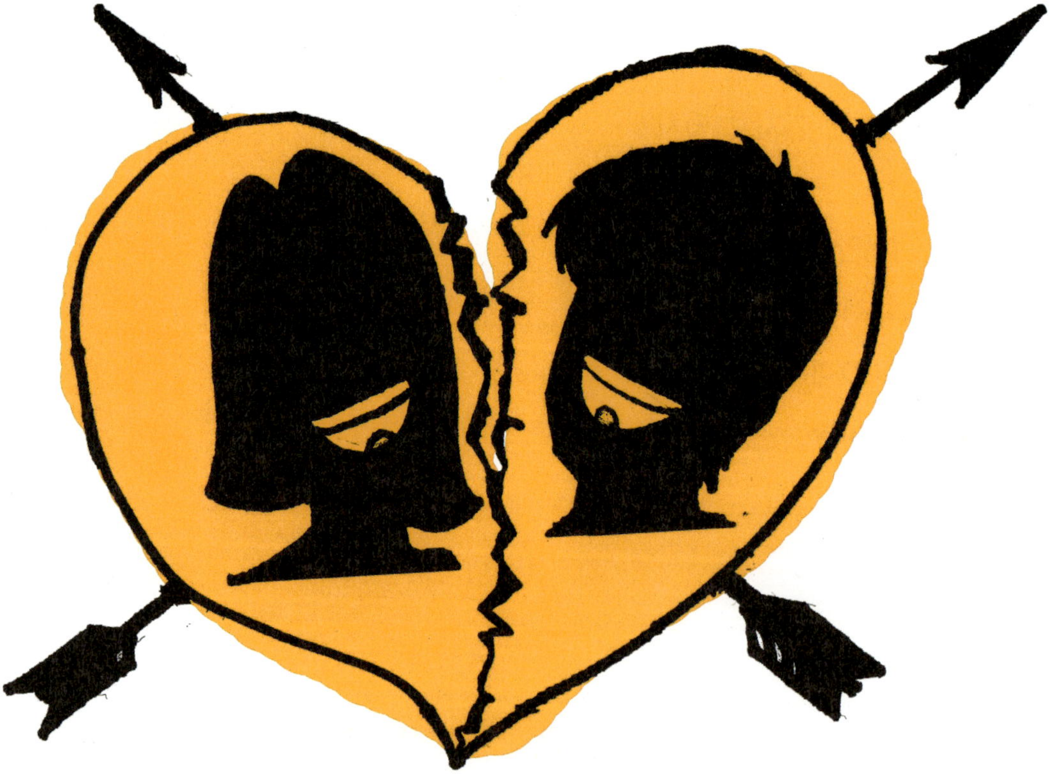

What's **wrong** with you?
무슨 문제 있어?

You don't look ok today.
안 괜찮아 보이는데.

Yeah, right. I feel **pretty** low.
맞아, 나 지금 상당히 저기압이야.

I **broke** up with my girlfriend last night.
나 어젯밤에 여자 친구하고 깨졌어.

Sorry to hear that.
그거 안됐다.

 wrong 틀린, 잘못된 pretty 꽤, 예쁜 break 깨다, 부수다

주제에 관한 배경 지식과 재미있는 표현.

"How do you feel today?"(여러분 오늘 기분 어떠세요?)

혹시, 저기압이신 분도 계신가요? 영어에서도 이와 비슷한 표현이 있습니다.

기분이 좋지 않을 때, 우리가 '저기압'이라고 말하는 것처럼 그들은 **"I feel pretty low."**라고 말하고요. 반면에 **"I feel high."**는 '기분이 아주 좋은' 상태를 뜻합니다.

하지만 술이나 약물 등에 의해 기분이 좋아진 상태로도 많이쓰여서 속어로 사용될 때는 **"Let's get high."**가 "우리 마리화나 피우자."의 뜻이 되기도 합니다. 주의해서 사용해야겠죠?

오늘의 주인공은 정말 우울하겠네요. 여자친구와 헤어졌다는데요. **'break up'**은 '이성 관계가 깨지다'의 뜻입니다.

끝으로, 이런 우울한 얘기를 들을 때는 상대방에게 **"Sorry to hear that."**이라고 장단 맞추시는 것 잊지 마세요.

주요 표현을 만나보고 되새기는 시간.

feel 형용사 : 기분이 ～하다, ～하게 느끼다

I feel good. (기분이 좋아.)

I feel depressed. (우울해.)

break up with : ～와 헤어지다, 깨지다

Let's break up! (우리 헤어져!)

I dumped my girlfriend. (나 여자친구 찼어.)

I got dumped. (나 차였어.)

 **DRILL**

음성을 들으며 원어민 속도로 따라 말해 보는 시간.

지금 좀 슬퍼요.

I'm _____.

무슨 일 있니? (문제가 있는 것이 분명할 때)

What's _____?

넌 요즘 너답지 않아 보여.

You don't _____.

 덤 & THE MORE

텍스트메시지 or 채팅할 때 자주 쓰이는 줄임말.

🖊 *FAQ*

Frequently Asked Question (자주 묻는 질문)

I'M JET-LAGGED.

MP3_DIA 24

나 시차 때문에 힘들어.

Welcome to Vancouver, my friend!
친구야, 밴쿠버에 온 걸 환영해!

How was your *flight*?
비행은 어땠어?

After around 14 hours, I'm *jet-lagged*.
비행기를 14시간이나 탔더니, 시차 때문에 힘들어.

Yeah, I understand that.
그래, 이해가 간다.

It'll take some time to get used to the time difference.
시차에 적응하려면 시간이 좀 필요할 거야.

 flight 비행 jet-lagged (장시간 비행 후)시차로 인해 피곤한

장시간의 비행기 여행을 하고 나면 비행기 탑승 자체에서 오는 피로감은 말할 것도 없고 도착 후에 출발지와 도착지 사이의 시차에서 오는 피로감도 만만치 않죠.

시차로 인해 피곤하거나 힘들 때, 이렇게 말씀해 보세요.

"I'm jet-lagged."(시차 때문에 힘들어.)입니다.

시차는 **'time difference'**이고 **'jet lag'**는 '시차로 인한 피로'를 나타내는 말입니다.

그리고 누군가를 마중을 가서 비행기에서 내린 손님에게 인사로 건네는 말 **"How was your flight?"**도 꼭 함께 익혀 두세요.

회사에서 맞이할 **buyer**나 손님이 있다면 언젠가는 꼭 한번 사용하게 될 표현일 테니까요.

time difference...

✅ CHECK POINT

time difference : 시차

get used to 명사 : ~에 익숙해지다, ~에 적응하다
I need to get used to it. (그것에 좀 익숙해져야겠어. /연습이 좀 필요해.)

It'll take some time to 부정사 : ~하는데 어느 정도 시간이 걸릴 것이다.
It'll take some time to prepare for the test.
(그 시험 준비하는데 시간이 좀 걸릴 거야.)
It'll take some time to gain her trust.
(그녀의 신임을 얻으려면 시간이 좀 걸릴 거야.)

🔄 DRILL

장거리 여행을 해서, 낮잠 좀 자야겠다.
After that _____.

오랫동안 비행기 안에 있을 땐 가끔 스트레칭 좀 하지 그래.
When you are _____
_____, you should _____.

➕ 덤 & THE MORE

 IDK
I don't know. (모릅니다.)

THAT SOUNDS LIKE HIM.

MP3_DIA 25

그 사람답다.

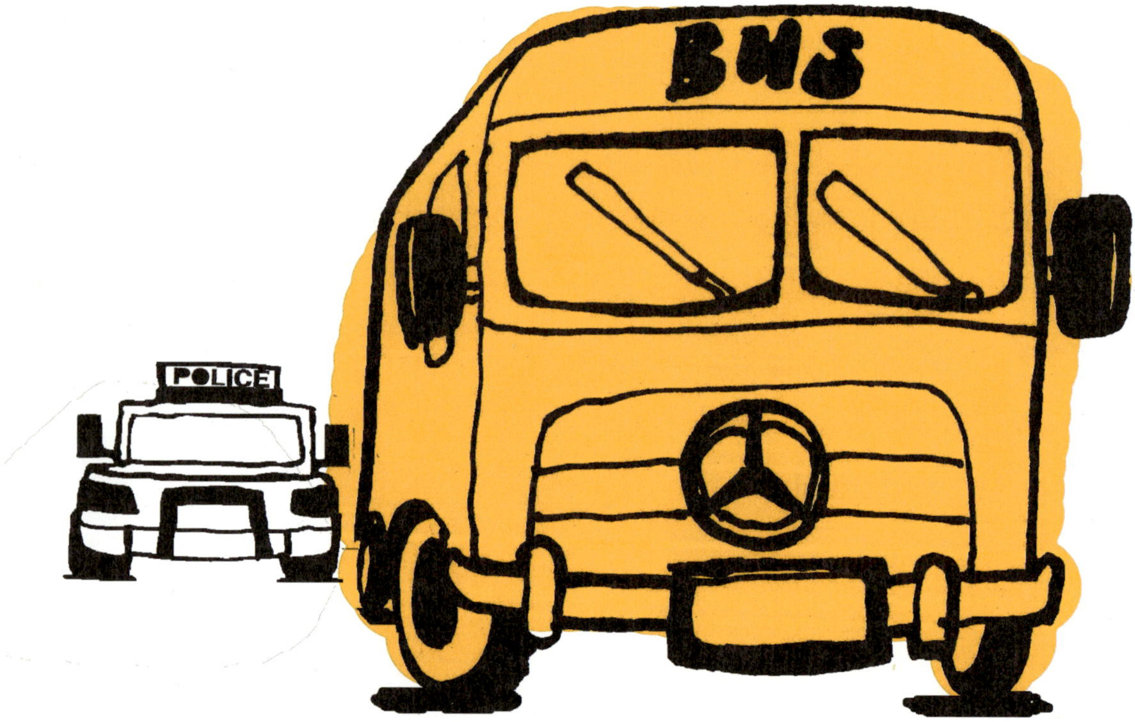

Craig was late for the meeting yesterday.
어제 크레그가 미팅에 늦었어.

You mean Craig David?
크레그 데이비드 말이니?

That sounds like him.
그 사람답다.

Why? Is he **often late**?
왜? 걔 자주 늦어?

late 늦은 often 종종, 자주

'~가 …에 늦다'는 '~ be late for …'입니다.

오늘 배울 표현인 "That sounds like him."(역시 그 사람답다.)
라는 문장을 한번 보시죠.

'That sounds like ~'는 '~답다'라는 뜻으로 끝 부분만 살짝
바꾸어 가며 응용하면 좋겠죠?

시간을 지키는 것은 참 중요한 에티켓입니다.

'시간 약속을 지키다'라는 말은 간단히 'make it'이라고 합니다.

따라서 "난 시간을 지킬 거야."는 "I'm gonna make it."이라
고 말할 수 있습니다.

That sounds like him...

주요 표현을 만나보고 되새겨보는 시간.

be late for 명사 : ～에 늦다

He was late for the class. (그는 수업에 늦었어.)

She was late for the seminar. (그녀는 세미나에 늦었어.)

That sounds like 사람 : (어떠한 얘기를 듣고) ～답다.

That sounds like Craig. (크레그 답다.)

That's definitely her style. (그게 바로 그녀 스타일이야.)

 **DRILL**

음성을 들으며 원어민 속도로 따라 말해 보는 시간.

바로 그게 그녀의 스타일이지.

That's _____.

그는 자기의 장례식에도 늦을 거야.

He'll _____.

 덤 & THE MORE

텍스트메시지 or 채팅할 때 자주 쓰이는 줄임말.

◣ *NT*

No thanks. (아뇨, 하지만 감사해요. – 거절할 때 쓰는 말)

WE ARE SHORT OF MONEY THIS MONTH.

우리 이번 달에 돈이 좀 부족해요.

MP3_DIA 26

Kate, can I **_borrow_** some money?
케이트, 나 돈 좀 빌려줄래요?

I'm broke again.
나 또 빈털터리 됐어요.

Erick, you borrowed some just the day before yesterday.
에릭, 그저께 돈 빌려갔잖아요.

These days, I take taxis to work. That's why.
요즘에, 택시를 타고 출근했더니 그래요.

Then, you'd better get up earlier and take a bus.
그럼, 당신 좀 더 일찍 일어나서 버스 타고 다니는 게 좋겠어요.

We **_are short of_** money this month.
우리 이번 달엔 돈이 좀 부족해요.

 borrow 빌려오다 * lend 빌려주다 be short of ~ ～ 이 부족하다

오늘 상황 참 재미있네요. 남편이 아내에게 돈이 떨어졌다며 빌리고 있습니다.

Erick이 빈털터리가 됐다고 하소연하는 표현 보이시죠? **"I'm broke."**(돈이 하나도 없어요. 빈털터리가 됐어요.) 많은 사람이 **"I am broken."**으로 틀리게 알고 계신 표현인데요. **'be broken'**은 '(기계 따위가) 고장이 나다.'라는 의미로 쓰입니다.

또한, 이와 유사하게 보이는 **'break up'**이라는 표현도 있죠. 이는 '연인 사이가 깨지다'라는 뜻으로 **"They broke up."** (걔들 깨졌어요.)과 같은 문장에서 쓰임을 익혀두세요.

그나저나, 매일 아침 택시를 타고 출근해서 돈이 다 떨어진 모양인데요. 택시나 버스, 지하철 등을 이용할 때 동사 **'take'**를 사용합니다.

"You'd better take a bus."(버스를 타는 게 낫겠어요.)

끝으로, **'be short of ~'**는 '~이 부족하다'의 의미로, **"We are short of money."**는 **"우리는 돈이 부족하다."**라는 뜻입니다.

I'm broke : 빈털터리야.

I'm flat broke. (완전 거덜났어, 쪽박 찼어.)

the day before yesterday : 그저께

the day after tomorrow : 모레

had better 동사원형 : ～하는 게 낫겠다. 좋겠다

pressed for 명사 : ～가 부족하다 (부족해서 압박을 받음)

We are pressed for money. (우린 돈에 쪼들려요.)

I'm pressed for time. (시간이 부족해, 시간에 쫓기고 있어.)

 **DRILL** · 음성을 들으며 원어민 속도로 따라 말해 보는 시간.

그들은 헤어졌어.

They _____.

다음 달에는 허리띠를 졸라매야겠다. (밥 사먹을 돈도 없을 때 사용)

I have _____.

 **덤 & THE MORE** · 텍스트메시지 or 채팅할 때 자주 쓰이는 줄임말.

 LTNS

Long time no see. (오랜만이야.)

WHAT'S KEEPING YOU?

MP3_DIA 27

왜 늦었니?

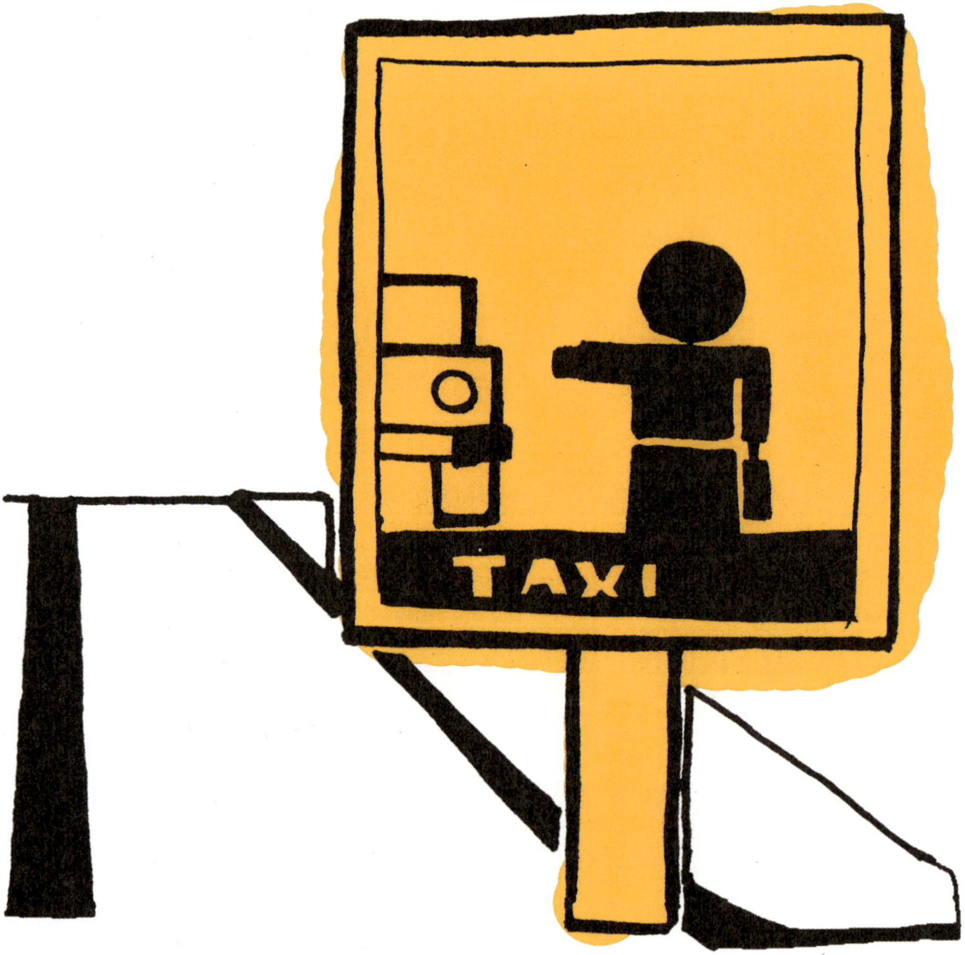

Sue! What's keeping you?
수! 왜 늦는 거니?

You are over 30 minutes late.
30분도 넘게 늦고 있잖아.

Sorry, but I was in a **traffic jam**.
미안해, 근데, 차가 막혀서.

Look, **excuse maker**!
이봐, 핑계꾼!

You are always late.
넌 항상 늦잖아.

 traffic jam 교통 체증 excuse 변명, 핑계 excuse maker 핑계 꾼

오늘은 약속시각에 상대방이 늦을 경우에 사용할 수 있는 여러 가지 표현들을 배워보도록 하겠습니다.

만약, 여러분들이 외국인과 시간약속을 했는데, 그 외국인이 약속시각에 늦어서 아직 도착하지 않았다고 가정해 봅시다.

그러면, 여러분들은 휴대폰으로 그 사람에게 전화하겠죠?

이렇게 상대방이 아직 약속시각에 약속장소에 도착하지 않았을 때 사용하는 표현이 바로 **"What's keeping you?"** 입니다.

살짝 직역해보면, "무엇이 너를 여태 못 오도록 붙잡고 있어?" 정도랄까요?

이 밖에도, 가장 기본적인 표현으로는 **"Why are you late?"** (왜 늦었죠?)가 있고, 또 이미 늦었지만, 눈앞에 도착한 사람에게 할 수 있는 표현으로는, **"What kept you?"** 와 **"What took you so long?"** 등이 있습니다.

Excuse maker

✓ CHECK POINT

Why are you late? = What kept you? : 왜 늦었니?

What's keeping you? : (주로 전화 상으로) 왜 늦었니?

What took you so long? : (이미 도착한 사람에게) 왜 늦었니?

traffic jam : 교통 체증

I'm stuck in traffic. (교통 때문에 꼼짝 못하고 있어요.)

Traffic is bumper to bumper. (차가 엄청 막혀요.)

Traffic is at a standstill. (정체됐어.)

make an excuse : 변명하다

🔄 DRILL

* 음성을 들으며 원어민 속도로 따라 말해 보는 시간.

왜 늦었어?

What _____?

차가 엄청 막혀요.

Traffic is _____.

핑계 듣기 싫어.

I don't _____.

✚ 덥 & THE MORE

* 텍스트메시지 or 채팅할 때 자주 쓰이는 줄임말.

 BBL

I'll be back later. (곧 돌아오겠다는 뜻)

YOU DON'T EVEN HAVE TO ASK.

물어볼 필요 없어. (틀림없어.)

dead line. **No worries!**

Craig, what do you think?
크레그, 어떻게 생각해?

Can she make it to the **deadline**?
그녀가 마감시한을 맞출 수 있을까?

No worries! You don't even have to ask.
걱정 마! 틀림없어.

Olga has always been a **punctual** person.
올가는 항상 시간을 정확하게 지키는 사람이야.

I hope you're right.
네 말이 맞기를 바라.

 deadline 마감시한 punctual 시간을 지키는, 시간을 엄수하는

"여러분 **QR-Code** 또는 홈페이지에서 **mp3** 받아 열심히 듣고 계시지요?" 바로 이 질문에 대한 대답으로 **"You don't even have to ask."**를 사용하면 완벽하겠네요.

어떤 사실이 틀림없어서 질문할 필요도 없다는 뜻입니다. 함께 쓰인 **"No worries!"**(걱정 마! / 걱정할 필요 없어!)도 같이 익혀두세요.

오늘의 대화문은 꼭 외워놓으십시오. 먼저 죠가 크레그에게 생각이 어떤지 묻는 표현 **"What do you think?"**(어떻게 생각해?)는 의문사가 우리말 '어떻게'에 해당하는 **'how'**가 아닌 **'what'**을 사용하는 점에 주의해야 합니다. 또한 **"Can she make it to the deadline?"**에서 **'make it'**은 '제시간에 도착하다.' '(장소에) 이르다' '해내다.' 등을 의미하므로 **'make it to the deadline'**은 '마감시한에 맞추다.'라는 뜻입니다.

오늘의 한마디 **"You don't even have to ask."**와 유사한 표현으로 **"That's out of question."**이 있는데 이는, 거래나 협상 등의 장면에서 '그건 말도 안 된다.' 그래서 '질문의 여지가 없다.'라는 뜻으로 사용되는 표현입니다.

dead line. *No worries!*

✅ CHECK POINT

주요 표현을 만나보고 되새겨보는 시간.

What do you think about 명사? : ~에 대해 어떻게 생각해?

What do you think about the movie? (그 영화 어때?)

What do you think about her? (그 여자 어때?)

What do you think about Chinese food for dinner? (저녁으로 중국 음식 어때?)

make it : 시간을 맞추다, 이루어내다

Can she make it by 3? (그녀가 3시까지 시간을 맞출 수 있을까?)

Can he make it by tomorrow? (그가 내일까지 시간을 맞출 수 있을까?)

We made it. (우리가 해냈어.)

meet the deadline : 마감 시한을 맞추다

Can I meet the deadline? (내가 마감시간을 맞출 수 있을까?)

🔄 DRILL

음성을 들으며 원어민 속도로 따라 말해 보는 시간.

묻지도 마.

Don't _____.

그녀는 늦지 않는 것으로 잘 알려져 있다.

She's _____.

➕ 덤 & THE MORE

텍스트메시지 or 채팅할 때 자주 쓰이는 줄임말.

 PLZ

Please (제발~)

MP3_DIA 29

I HAVE BUTTERFLIES IN MY STOMACH.

나 긴장돼요.

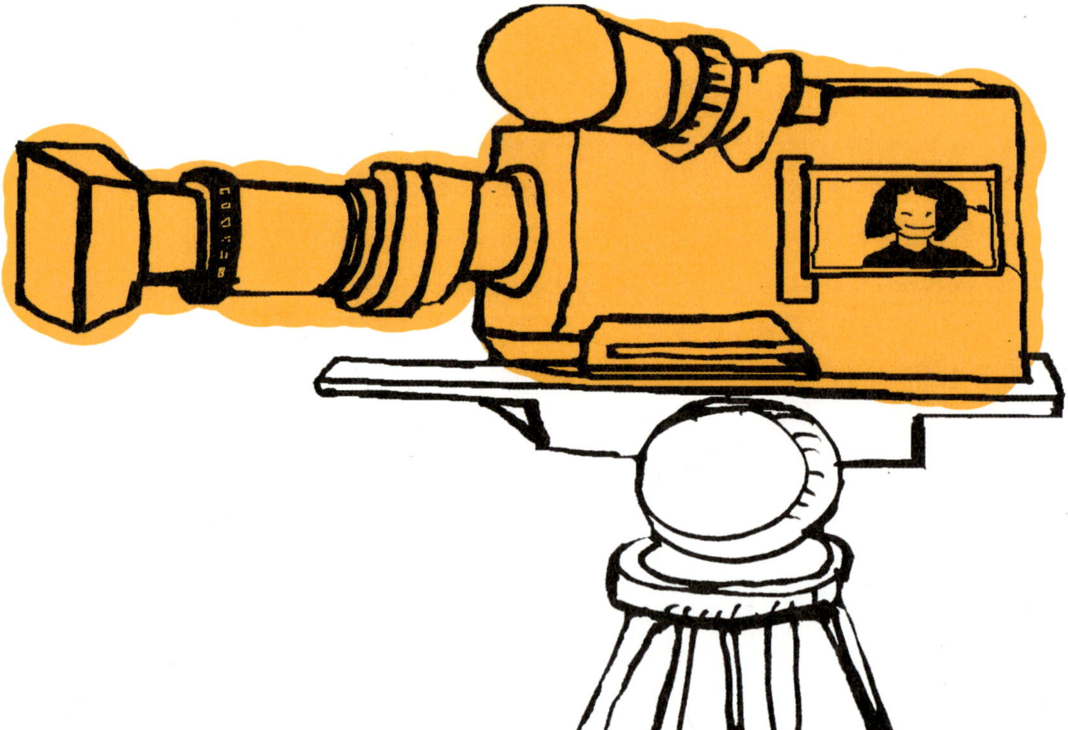

Are you nervous?
너 긴장되니?

I can't say "no".
아니라고 말 못하겠어.

It's a camera audition.
아니라고 말 못하겠어.

I feel like I have butterflies in my *stomach*.
나 긴장된다.

Hey! That's not like you.
야, 너답지 않아.

You've always been so *natural in front of* the camera.
카메라 앞에서 항상 자연스럽게 잘 해오고 있잖아.

Don't be nervous!
긴장하지 마!

 stomach 위, 복부, 배 natural 자연스러운, 당연한 in front of ~ ~의 앞에서

"Are you nervous?"(긴장되세요?)에서 '긴장되다'를 의미하는 일반적으로 가장 흔히 쓰이는 표현은 '**be nervous**'입니다.

"It's a camera audition."을 보니 오늘 크레그와 에릭이 함께 카메라 오디션이 있는 날이군요.

크레그가 긴장이 많이 되는 모양인데요.

"I have butterflies in my stomach."(나 긴장돼.)에서 '**have butterflies in one's stomach**'는 '~가 긴장하다 / 긴장되다' 라는 뜻입니다.

그리고 간단하면서도 재미있는 표현, **"That's not like you."**(너답지 않아.)에서 '**That's like ~.**'는 '~ 답다.' 라는 뜻입니다.

✔ CHECK POINT

That's like 명사 : ~답다, ~같다

I feel like (that) 주어 동사 : ~라는 기분이 든다

I feel like I am walking on a cloud.

(구름 위를 걷는 것 같은 기분이에요.)

I feel like he is gay. (그 남자 게이인 것 같아.)

↻ DRILL

손이 떨려요.

My hands _____.

너답게 하고 싶은 대로 행동해. (원래대로 행동해.)

Just _____.

✚ 뎀 & THE MORE

 UW

You're welcome. (천만에. – 상대방이 고맙다고 할 때)

EPISODE 30

MP3_DIA 30

LIFE IS NOT ALL ROSES AND WINE.

인생이 항상 좋은 것만은 아냐.

I hurt my self..

I can't believe I hurt my *knee*.
내가 무릎을 다치다니 말도 안 돼.

My life is *ruined*!
내 인생은 끝났어!

Take it easy! Life is not all roses and wine.
진정해! 인생이 항상 좋은 것만은 아냐.

Everything will be ok.
다 잘 될 거야.

I am a football player.
난 축구선수야.

How can I be *calm* in this situation?
내가 이 상황에서 어떻게 진정할 수가 있어?

knee 무릎 ruin 망치다 calm 고요한, 차분한

"I can't believe I hurt my knee." (내가 무릎을 다치다니 믿을 수 없어.) 축구선수인 커트가 다리를 다쳤습니다. 축구선수에게 다리는 가장 소중한 부위인데 정말 큰 일이군요. "My life is ruined!" (내 인생은 이제 끝났어!)라며 커트가 절규합니다.

이 문장을 조금 응용해보면, "She ruined my life." (그 여자가 내 인생을 망쳤어요.)와 같은 표현을 만들 수가 있습니다. 영화나 TV에서나 들어야 할 말이겠죠!

"Take it easy! Life is not all roses and wine." (진정해! 인생이 항상 좋은 것만은 아냐.)에서 "Take it easy!"는 상대방을 진정시킬 때 흔히 사용되는 표현이고요.

"Life is not all roses and wine."은 꼭 기억해두셨다가누군가를 달래야 할 상황이 오면 사용해보세요.

Everything will be ok!

I hurt my self..

CHECK POINT

주요 표현을 만나보고 되새겨보는 시간.

hurt : 다치다

* hurt - hurt - hurt 과거형도 p.p형도 모두 hurt

I hurt my ankle. (발목을 다쳤어.)

I hurt myself. (나 다쳤어.)

Don't worry! I don't hurt you. (걱정 마세요! 해치지 않아요.)

ruin : 망치다

You ruined my life. (넌 내 인생을 망쳤어!)

DRILL

음성을 들으며 원어민 속도로 따라 말해 보는 시간.

이대로는 못 살아.

I can't _____.

진정하세요.

Take _____.

덤 & THE MORE

텍스트메시지 or 채팅할 때 자주 쓰이는 줄임말.

 OMG

Oh my god. (어머나, 세상에.)

MOST SUPERMARKETS AND OTHER SHOPS USUALLY CLOSE AT 5 HERE.

대부분의 슈퍼마켓이나 가게들은 대게 5시면 문을 닫아요.

Erick There's almost nothing to eat in the freezer.
냉장고에 먹을 게 하나도 없네.
I need to shop today.
오늘 장 좀 봐야겠다.

Holly Then you'd better get moving.
그럼, 너 좀 서둘러야겠다.

Erick Why? It's only four.
왜? 이제 겨우 4시인데.

Holly That's why you should hurry up!
그러니까 서둘러야지!
You didn't know? Most supermarkets and other shops usually close at 5 here.
몰랐어? 대부분의 슈퍼마켓이나 가게들은 보통 5시면 문을 닫아요.

Erick Really? It can't be.
정말? 설마…

Holly Oh, man! It's gonna be so tough for you to get used to this country.
어이구! 너 캐나다에 적응 하려면 고생 좀 하겠구나.
There are a lot more things you should learn about Canada.
캐나다에 대해 배울 것이 이 밖에도 무척 많아.

캐나다나 미국 등에선 '편의점'을 제외하곤 흔히 장을 보는 대형 마트나 일반 상점 등은 대개 대여섯 시면 문을 닫습니다. 따라서 저녁 늦게까지 장을 보거나 구매활동을 할 수 있는 우리나라 사람들에게는 상당히 불편한 점입니다.
그 날의 필요한 물건들을 적어 두었다가 미리 구해놓지 않으면, 나중에 낭패를 당하기에 십상이죠. 하지만 대 도시의 경우 가끔 밤늦게까지 물건을 살 수 있는 대형 매장들이 있기도 합니다.
그 대표적인 예가 'Save on Food'나 'Wall Mart', 'Costco'… 등과 같은 대형 할인 매장이죠.

EPISODE

MP3_DIA 31

YOU'RE MISSING THE POINT.

당신은 제대로 이해하지 못했군요.

Do you see how it **works** now?
이제 어떻게 되는 건지 알겠어요?

I think so but... wait.
알 것 같은데… 잠깐만.

You don't want to **work** with me?
나랑 같이 일하기 싫다는 거죠?

Oh, you're **missing** the **point**.
아직, 내 말을 제대로 이해하지 못했군요.

That's not what I said.
난 그 말이 아니에요.

work 작동하다, 일하다, 효과 있다
miss (기회 등을) 놓치다, 빗 맞히다 point 요점

더그는 **"Do you see how it works now?"**(이제 어떻게 되는 건지 알겠어?)라며 어떤 상황에 대해서 캔디스에게 설명을 하고 있는데요. 캔디스가 더그의 말을 오해하고 있습니다.

상대방이 이해했는지를 묻는 표현은 여러 가지가 있습니다.

"Do you get it?", **"Have you got it?"**, **"Still with me so far?"**, **"Do you understand?"** 등을 익혀놓고 다양하게 사용하세요.

덧붙여서 상대방이 오해하거나 이해하지 못할 때 사용할 수 있는 표현들도 알려드립니다.

"You're missing the point.", **"You don't undertand."**, **"You got me wrong."**, **"You don't get it."** 등의 여러 가지 표현도 꼭 기억해두세요!

✓ CHECK POINT

Do you see? : 알겠어요?

= Do you understand?

Do you see how it works now? 이제 그게 어떻게 되는 건지 알겠죠?

= Do you see how it happened?

(그게 어떻게 일어난 일인지 알겠어요?)

Do you see why she left you? (그녀가 왜 떠났는지 알겠어요?)

You're missing the point.

= You don't get it. = You got me wrong.

That's not what I said = That's not what I mean.

That's not what I want. (내가 원하는 게 아니에요.)

what 주어 동사 : ～하는 것

what women want : 여자가 원하는 것
what I learned : 내가 배운 것

🔄 DRILL

제 말을 오해하지 마세요.

Don't _____.

제가 뭔가(중요한 내용 등을) 놓친 것 같아요.

I think _____.

➕ 덤 & THE MORE

🖊 *LMAO*

Laughing my ass off. (미친 듯이 웃다.)

MP3_DIA 32

YOU DRINK LIKE A FISH.

너 술 정말 잘 마신다.

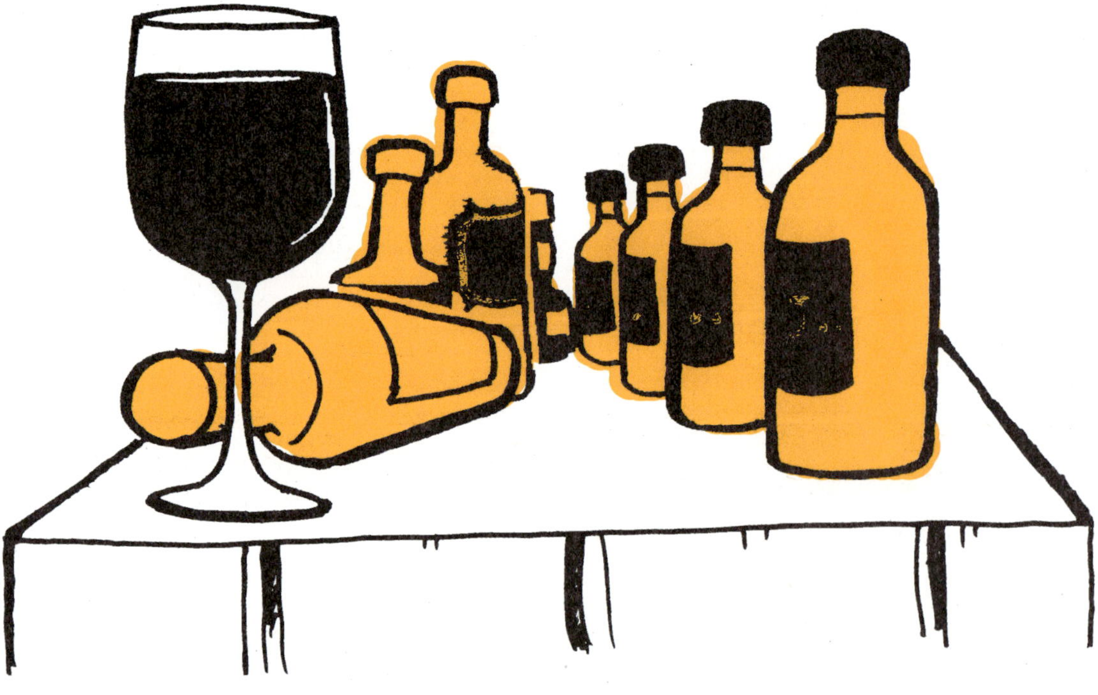

It's the first time for us to drink together.
우리 함께 술 마시는 게 이번이 처음이야.

This is so nice! So, what do you **wanna** drink?
좋다. 근데, 뭐 마시고 싶어?

I **prefer** soju.
난 소주가 좋아요.

Really? Are you **a good drinker**?
정말? 너 술 잘 마셔?

Yes, I am. You'll see.
저 잘 마셔요. 보시면 알아요.

after drinking the 4th bottle of soju   소주 네 병을 마시고 나서

Wow, you drink like a fish.
와, 너 술 정말 잘 마신다.

 wanna=want to ~을 하기를 원하다 prefer ~을 선호하다
a good drinker (주로) 술을 잘 마시는 사람

여러분 혹시 외국인하고 술 마셔본 적 있으세요?

같이 술을 마시다 보면, 뜻밖에 '그들도 우리랑 말하고 생각하는 방식이 참 비슷하구나!'라는 생각이 들 때가 많습니다.

우리나라 사람들은 술 마실 때 사람들에게 "당신 술 잘 마셔요?"라는 질문을 흔히 하는데요.

영어권에서도 그런 질문을 곧잘 합니다.

"Are you a good drinker?"(너 술 잘 마셔?) 또는 **"Do you drink well?"**이라고 말이죠.

같은 의미로 흔히 쓰이는 슬랭으로는 **"You drink like a fish."**(너 술 정말 잘 마신다.)가 있답니다.

✅ CHECK POINT

주요 표현을 만나보고 되새겨보는 시간.

It's the(one's) first time to 부정사 : ~하는 것이 처음이다

It's the first time for us to drink together.

= It's our first time to drink together.

It's my first time to drink. (술 처음 마셔봐요.)

Are you a good 사람(직업) : ~잘해요?

Are you a good singer? (노래 잘하세요?)

Are you a good swimmer? (수영 잘해?)

🔄 DRILL

음성을 들으며 원어민 속도로 따라 말해 보는 시간.

그 친구한텐 맥주가 물 같아요.

Beer is _____.

우리 아빠는 혼자서 3병이나 드셔.

My dad _____.

➕ 덤 & THE MORE

텍스트메시지 or 채팅할 때 자주 쓰이는 줄임말.

 IMO

in my opinion (내 의견에는)

MP3_DIA 33

DON'T BREAK YOUR WORD!

약속을 어기지 마세요!

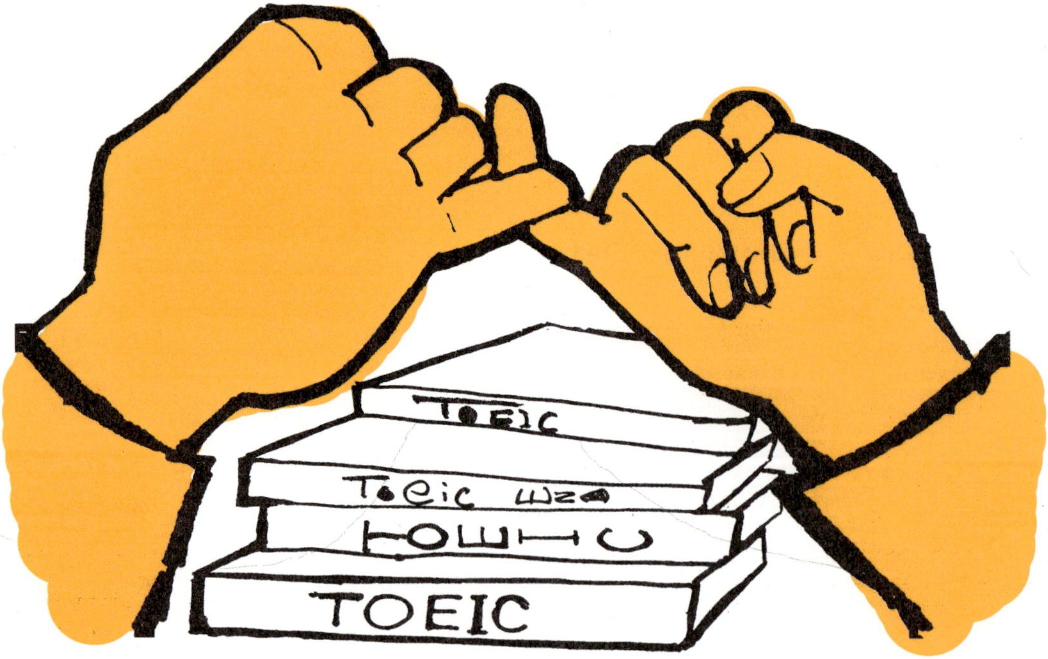

If you get more than 700 on the TOEIC, I'll buy you a great dinner.
네가 만약 토익 700점 이상을 맞으면, 내가 기가막힌 저녁 사줄게.

Are you sure?
진짜?

You'll **regret** say**ing** so.
그렇게 말한 거 후회하게 될 거야.

I'm really confident this time.
나 이번엔 정말 자신 있어.

Don't break your word!
약속 어기면 안 돼!

 regret ~ing ~한 일을 후회하다 regret to 동사 ~하게 돼서 유감스럽다
confident 자신감 있는, 확신하는

여러분 가운데도 토익점수 700점 돌파가 인생의 일시적인 장애
물이신 분들이 많이 계시죠? ^^

**"If you get more than 700 on the TOEIC, I'll buy
you a great dinner."** 에서 **'get 점수 on ~'** 은 '~ (시험의 종
류)에서 몇 점을 받다'를 뜻하는 표현입니다. **"I got 270 on
TOEFL."** (난 토플 270점 맞았어요.)처럼 사용하세요.

캔의 의기양양한 태도를 보니 이번 토익 시험에 꽤 자신이 있는
모양입니다.

"You'll regret saying so." (너 그렇게 말한 거 후회하게 될 거야.)
에서 **'regret ~ing'** 는 '~했던 일을 후회하다'를 의미하죠.

"Don't break your word!" (약속 어기면 안 돼!)에서 **'break
one's word'** 는 '~의 약속을 어기다'를 뜻합니다. 이와 반대
로 **'keep one's word'** 는 '~의 약속을 지키다'의 뜻이죠.
"Please, keep your word." (부디 약속을 지키세요.)

Don't break your world!

✅ CHECK POINT

get 점수 on : ∼에서 몇 점을 받다

I got 900 on the TOEIC test last time. (저는 지난 번에 토익 900점을 받았어요.)

buy 사람+명사 : ∼에게 …을 사주다

I bought my daughters some clothes. (내 딸에게 옷을 사줬어요.)

I'll buy you a drink. (술 한 잔 살게.)

regret ~ing : ∼한 일을 후회하다

You'll regret saying so. (그렇게 말한 거 후회하게 될 거에요.)

I regret kissing her last night. (그 여자한테 어젯밤 키스한 거 후회된다.)

Don't break your word. (약속 어기지 말아요.)

= Don't break your promise.

= Keep your word.

= Keep your promise.

🔄 DRILL

나 약속해요.

I give _____.

내기할래?

Wanna _____?

➕  & THE MORE

 SS

So sleepy. (너무 졸려.)

PLEASE, SEPARATE YOUR FEELING FROM BUSINESS.

MP3_DIA 34

공과 사는 가려요, 제발.

It's impossible to do.

proposal

Did you **approve** another one of Diana's **proposal**?
당신 다이애나의 다른 제안서를 승인했나요?

Yeah, I did. Any problem?
네, 승인했어요. 무슨 문제라도?

Any problem?
무슨 문제라도?

There are lots of problems!
문제가 많죠!

That proposal is almost impossible to **implement**.
그 제안서는 실행에 옮기기가 거의 불가능해요.

I know she's a beautiful girl but please, **separate** your feeling from business.
다이애나가 예쁜 건 나도 잘 알아요, 하지만 제발, 공과 사를 구별하세요.

approve 승인하다, 찬성하다 proposal 제안, 제안서
implement 실행하다 separate 분리시키다, 분리된, 따로 떨어진

존은 회사에서 여러 번 다이애나의 제안서를 승인했습니다.

그런데 **proposal**(제안서)이 우수했던 게 아니고 아마도 다이애나의 아름다운 외모 때문인 것처럼 보이는 상황이죠?

"Please, separate your feeling from business." 문장을 직역하면, "당신의 감정을 일로부터 분리하세요."가 되는데요. 결국 "공과 사를 구별하세요."가 되는 거죠.

"That proposal is almost impossible to implement." (그 제안서는 실행에 옮기기가 거의 불가능해요.)에서 **"It is possible/impossible to + 동사"**는 '~하는 게 가능/불가능하다'를 의미하는 표현입니다.

CHECK POINT

It is possible/impossible to부정사 : ~하는 것이 가능/불가능하다

It's impossible to do. (이 일은 불가능해요.)

It's impossible to meet her. (그녈 만나는 건 불가능해요.)

꿈 깨세요!

Get your _____.

당신의 사생활과 회사 생활을 가리세요.

Keep your _____.

 **& THE MORE**

CUL8R

See you later. (또 만나자. – 'L eight R' 이라는 발음이 later과 비슷해서)

　　　　　　* 유사한 예 : GR8 (great, 대단한)

EPISODE 35

MP3_DIA 35

SOMETHING EASY ON MY POCKET!

가격이 부담스럽지 않은 걸로!

Look, Michael! This shop has tons of MP3 players.

이봐, 마이클! 이 가게엔 MP3가 무지 많아.

It's hard to **decide** what to buy.

뭘 사야 할지 모르겠어.

Did you decide yet?

넌 결정했니?

Um~, something easy on my pocket.

음~, 가격이 부담스럽지 않은 걸로.

My *financial situation* is not very good.

내 주머니 사정이 별로 안 좋거든.

 decide 결정하다   financial situation 자금 사정, 주머니 사정

오늘은 쇼핑할 때 긴요하게 사용할 수 있는 표현입니다.

우리가 흔히 가격에 관해 얘기할 때는 'expensive'(비싼), 'cheap'(싼), 또는 'reasonable'(적당한, 과하지 않은) 등의 표현을 사용하는데, 오늘의 한마디 **"Something easy on my pocket!"**(가격이 부담스럽지 않은 걸로!)는 좀 더 원어민처럼 자연스럽게 보일 수 있는 표현입니다. 말 그대로 주머니에 쉬운 가격이니 '부담스럽지 않은 가격'을 뜻하는 것이죠.

"This shop has tons of MP3s."(이 가게엔 MP3가 아주 많아.) 에서 **'tons of ~'**는 뭔가가 '무척 많은'을 의미합니다.

✓ CHECK POINT

tons of : 무척 많은

= lots of

something 형용사 : (뭔가)~한 것

something good : 뭔가 좋은 것

something special : 뭔가 특별한 것

something easy on my pocket : 가격이 부담스럽지 않은 것

something easy on my stomach : 속이 부담스럽지 않은 거

something light on my stomach : 속이 가벼운 걸로

It's hard to부정사 : ~하기가 어렵다

It's hard to choose (선택하기가 어려워요.)

It's hard to say. (말하기 어려워요.)

↻ DRILL

오늘은 내 지갑이 좀 가벼워요.

My wallet _____.

그냥 구경만 하고 싶어요. (물건은 안 사고)

I just _____.

✚ 덤 & THE MORE

 *ASAP*

as soon as possible (가능한 빨리)

HE WAS A PUSHOVER.

MP3_DIA 36

식은 죽 먹기였어.

HE WAS A PUSHOVER.

How was the interview with Mr. Johnson?
존슨 씨와의 인터뷰 어땠어?

It was **tough**, huh?
힘들었지, 그렇지?

No, not at all.
아니, 전혀요.

He was **actually** a **pushover**.
실은 그 사람, 쉬운 상대였어요.

He's easier than I expected.
예상했던 것보다 다루기 쉬운 사람이더라고요.

tough 힘든, 어려운 pushover 식은 죽 먹기, 호락호락한 사람
actually 실은, 실제로는

에릭이 새로 부임한 직장 상사와 인터뷰를 한 모양입니다.

"It was tough, huh?"(힘들었지, 그렇지?)에서 'tough'는 문자 그대로 '거친'이라는 뜻뿐만 아니라, 오늘의 대화문에서처럼, '어려운', '힘든' 정도의 뜻으로도 자주 쓰인답니다.

예컨대, **"Life is tough!"**(산다는 건 힘든 거야.)와 같은 평서문 마지막에 'huh?'를 붙이면 상대방의 동의를 기대하는 의문문이 되어 "그렇지?"라는 의미가 됩니다.

에릭에게 인터뷰가 그리 부담스럽진 않았던 모양입니다.

"He was actually a pushover."(사실 그 사람, 식은 죽 먹기였어요.)라고 말하는걸 보면요.

'a pushover'는 어떤 일이나 사람이 다루기 쉬울 때, 사용하는 표현입니다.

✅ CHECK POINT

a pushover : 상대하기 쉬운 사람

a piece of cake : 쉬운 일

It was 비교급 than I expected. : 내가 예상했던 것보다 ～했다.
It was more expensive than I expected. (예상했던 것보다 비쌌어요.)
It was cheaper than I expected. (예상했던 것보다 쌌어.)

🔄 DRILL

누워서 떡 먹기였지.
It was _____.
그건 가장 쉬운 면접이었다.
It was _____.

➕  & THE MORE

 IDC

I don't care. (상관없어.)

EPISODE 37

MP3_DIA 37

TRAFFIC IS BUMPER TO BUMPER.

교통 체증이 심각해.

Hello, it's me, Erick. I'm gonna be a bit late.
여보세요, 에릭이야. 나 좀 늦겠어.

Traffic is *bumper* to *bumper* because of an *accident*.
사고 때문에 차가 너무 막혀.

I'm so sorry.
정말 미안해.

No *prob*! So, how much longer do you think it will take?
괜찮네! 그럼, 얼마나 더 걸릴 것 같아?

About one more hour.
대략 한 시간 정도 더.

bumper 자동차 범퍼 accident 사고
prob 문제 * problem의 줄임말. 구어체에서 종종 사용됨.

"**Traffic is bumper to bumper.**"(교통 체증이 심각해.)라는 오늘의 표현은 생활 속에서 빈번하게 사용됩니다. 꼭 숙달하셔야 해요!

'**bumper to bumper**'는 말 그대로 '차가 너무 밀려서 마치 앞차와 뒤차의 범퍼가 붙어 있는 것 같은 상태'를 나타내는 표현입니다.

상대방이 차가 막혀서 약속에 늦게 되면, 꼭 물어보게 되는 말이 있죠? "**So, how much longer do you think it will take?**"(그럼, 얼마나 더 걸릴 것 같아?) 피가 되고 살이 되는 표현을 오늘도 배웠습니다.

여러분, 열심히 반복하세요!

"bumper to bumper"

gonna 동사원형=be going to 동사원형 : ～할 작정이다, ～할 예정이다

I'm gonna be a bit late.

= I'm gonna be a little bit late.

I'm gonna tell her that I love her.

(내가 그녀를 사랑한다고 그녀에게 말할 거야.)

I'm gonna buy that car soon. (저 차 곧 살거야.)

Traffic is bumper to bumper. (교통 체증이 심각해.)

= Traffic is heavy.

= I am/was in a traffic jam.

의문사구 do you think 주어 동사? : 당신 생각에 ～～일 것 같아?

How much longer do you think it will take?

(그거 시간이 얼마나 더 걸릴 것 같아요?)

How much do you think I love you?

(내가 널 얼마나 사랑하는 것 같아?)

How much money do you think I have?

(내가 돈을 얼마나 가지고 있는 것 같아?)

Where do you think she is staying?

(그녀가 어디에 머무르고 있다고 생각해요?)

DRILL
음성을 들으며 원어민 속도로 따라 말해 보는 시간.

추돌 사고를 당했어요.

I got _____ – _____.

괜찮아요. 그냥 접촉 사고일 뿐이었어요.

I'm _____ . It was _____.

I LOST MY APPETITE.

MP3_DIA 38

식욕을 잃었어.

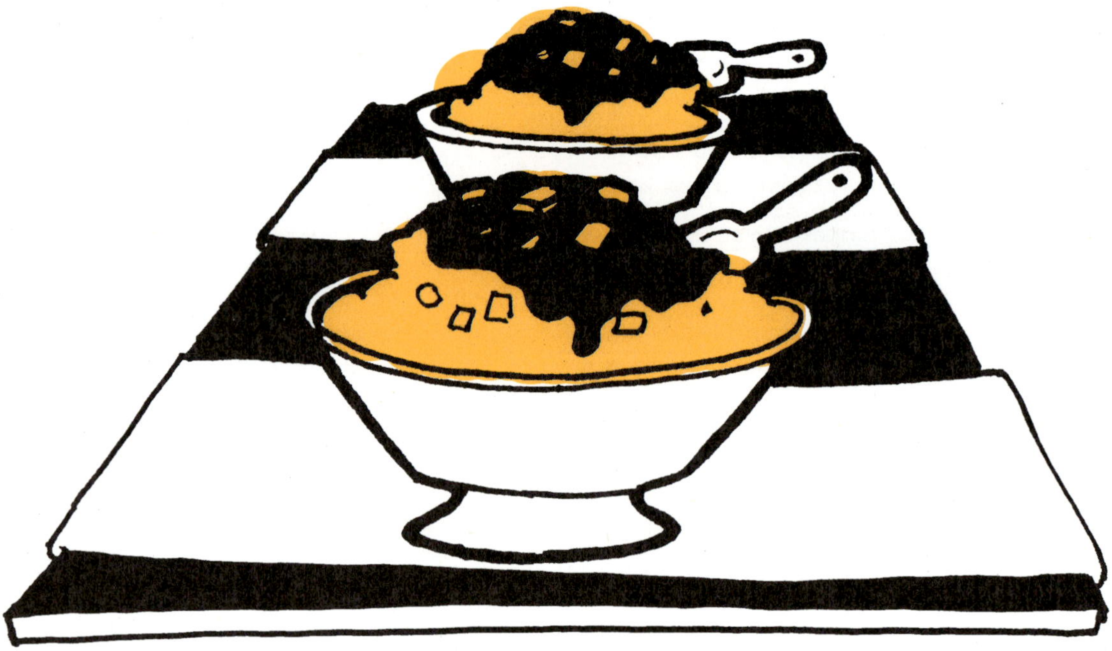

I LOST MY APPETITE.

What are you going to have for lunch?
점심에 뭐 먹을 거야?

Well, I'd rather not eat today.
글쎄, 난 오늘 별로 먹고 싶지 않아.

It's too hot. I lost my *appetite*.
너무 더워. 식욕을 잃었어.

I did, too, but you should have something.
나도 그래, 그래도 넌 뭘 좀 먹어야 해.

You have lots of *things to do* today.
너 오늘 할 일이 많잖아.

appetite 식욕, 입맛 things to do 할 일들

너무 더운 날씨 때문에 식욕 잃으신 분 많죠?!

"I lost my appetite."(식욕을 잃었어.)는 한여름의 정말 더운 날 꼭 사용하게 되는 매우 유용한 표현입니다.

이와 관련해서, **"I have a good appetite."**는 "저는 식욕이 좋습니다."라는 문장이고, **"I have a poor appetite."**는 "저는 식욕이 없습니다."라는 의미를 가진 문장입니다.

"I'd rather not eat today."(난 오늘 별로 먹고 싶지 않아.)에서 'would [had] rather + 동사'는 '오히려 ~하고 싶다[하는 편이 낫다].'라는 뜻의 관용적인 표현입니다.

주요 표현을 만나보고 되새겨보는 시간.

I'm in the mood for 명사 : ~하고 싶은 기분이다, ~가 땡긴다
I'm in the mood for pizza. (피자 먹고 싶다.)

would rather 동사원형 : 오히려/차라리 ~하겠다

would rather not 동사원형 : ~차라리 ~하지 않겠다
I'd rather not eat today. (난 오늘 별로 먹고 싶지 않아.)

have a good/poor appetite: 식욕(입맛)이 있다/없다
I lost my appetite. (식욕을 잃었어.)
= I have a poor appetite. (입맛이 영 없네요.)
I have a good appetite. (식욕이 당기네요.)

should have ~p.p : ~했어야 했다 (하지 않았다)
You should have something. (넌 뭘 좀 먹었어야 했어.)
= You need to eat something. (당신 뭘 좀 먹어야겠어요.)

 **DRILL**

음성을 들으며 원어민 속도로 따라 말해 보는 시간.

나 피자가 먹고 싶어요.

I'm _____ .

너무 더워서 움직이기조차 힘들어.

It's _____.

 **덤 & THE MORE**

텍스트메시지 or 채팅할 때 자주 쓰이는 줄임말.

IHNI

I have no idea. (난 모르겠어.)

MP3_DIA 39

WHAT DOES HE LOOK LIKE?

그 사람 어떻게 생겼어?

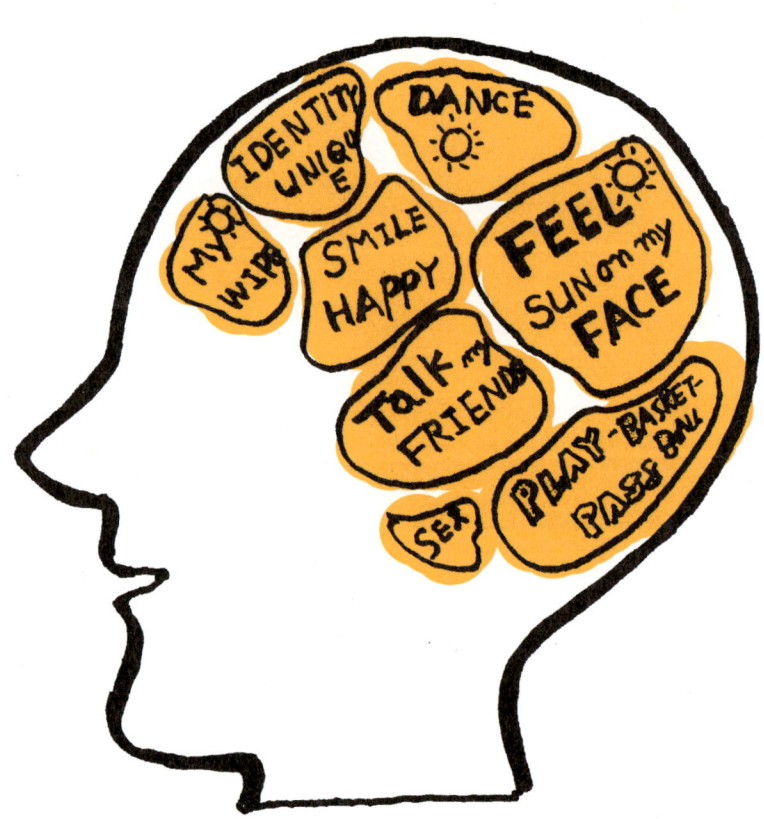

I heard that you are **going out with** a **guy** from Marketing.
너 마케팅부서의 그 남자랑 사귄다며?

Yeah, where did you hear that?
응, 어디서 들었어?

Everybody in the **whole** department is talking about it.
부서 사람 모두가 얘기하고 있어.

Oh, shoot.
제기랄.

So, what does he look like?
근데, 그 사람 어떻게 생겼어?

He is very **good-looking**.
그 사람은 무척 잘생겼어.

go out with + 사람 ~와 사귀다 guy 사내, 남자
whole 전부의, 전체의 good-looking (외모가) 잘생긴

오늘의 한마디는 외모가 어떤지를 묻는 말입니다.

"What does he look like?"(그 사람 어떻게 생겼어?)라는 질문에는 여러 가지 다양한 대답을 할 수 있겠습니다.

"He is very good-looking."(그 사람 잘생겼어.)에서 **'good-looking'**은 '잘생긴', '아름다운' 등의 뜻입니다.

"I heard that you are going out with a guy from Marketing."(너 마케팅부서의 그 남자랑 사귄다며?)에서 **'go out with'**는 '~와 사귀다'라는 뜻입니다.

또한, **"Oh, shoot!"**에서 **'shoot'**은 **'shit'**을 순화시켜서 쓰는 말입니다. **'shit'**은 그 느낌이 너무 강해서 부모님 앞이나 방송 등에서는 사용할 수 없지만, **'shoot'**이라고 하면 귀엽게 봐줄 수 있는 정도가 되거든요.

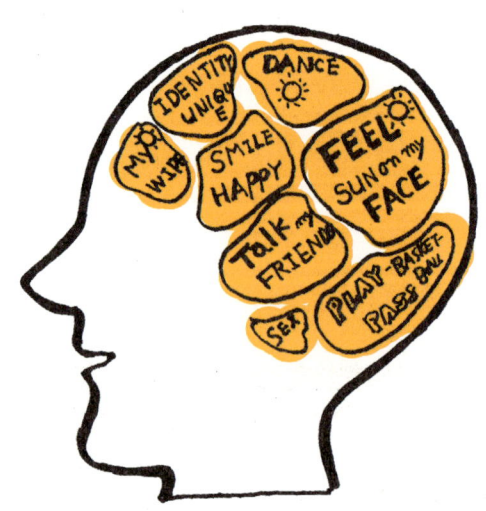

Everybody in the whole department is talking about it.

= Everybody is talking about it.

What does 명사 look like? : ～이 어떻게 생겼나요?

What does it look like? (그게 어떻게 생겼나요?)

What does she look like? (그 여자 외모가 어떻게 생겼나요?)

He is very good-looking

= He is very handsome.

 **DRILL** [•] 음성을 들으며 원어민 속도로 따라 말해 보는 시간.

그 남자는 섹시남이야.

He's _____!

그는 머리를 올백으로 넘겼어요.

His hair _____.

 **& THE MORE** [•] 텍스트메시지 or 채팅할 때 자주 쓰이는 줄임말.

🖊 *FYI*

For Your Information. (상대방이 내용을 모르고 있는 것 같을 때)

EPISODE 40

MP3_DIA 40

DON'T LET ME RUSH YOU.

나 때문에 서두를 것 없어.

couch

take one's time.

Sorry! I'm almost done.
미안하다! 나 거의 다 끝났어.

That's okay. No problem.
괜찮아. 문제없어.

Take your time. Don't let me *rush* you.
천천히 해. 나 때문에 서두를 것 없어.

Thanks!
고마워!

Then, *take your things off* and sit on the couch for a while.
그럼, 겉옷 벗고 잠깐 소파에 좀 앉아서 기다려.

take one's time 느긋하게 하다
rush 돌진하다, ~을 부리나케 서둘러 하다, (남늘)~를 서두르도록 재촉하다
take 명사 off ~을 떼어버리다, (착용한 것 등을) 벗다 couch 소파

"I'm almost done."(나 거의 다 끝났어.)에서 '**주어 + be 동사 + done**'의 형태는 주어가 어떤 행위를 마쳤을 때 사용할 수 있습니다.

"**Take your time.**"은 우리말로 서두르지 말고 "천천히 해." 라는 것을 의미하며 "**Don't let me rush you.**"는 "나 때문에 서두를 것 없어."라는 뜻입니다.

오늘 나온 표현들은 무조건 다 외워두세요!

마지막으로 한 가지 더요. "**Take your things off.**"는 손님 등이 방문했을 때 "잠깐 겉옷이라도 벗고 앉으세요."라고 권하는 것처럼, "외투 따위를 잠시 벗어 두세요." 정도에 해당하는 표현입니다.

✔ CHECK POINT

be done with 명사 : (어떤 일 등을) ~을 끝내다, 마치다

I'm almost done.

= I'm almost finished.

I'm done with the project. (그 프로젝트 완전히 끝냈어.)

She'll be done with her work at 6. (그녀는 여섯 시에 퇴근할 거예요.)

Take your things off

: (짐이나 가방, 겉옷 정도)를 잠시 내려 놓으라고 말할 때 자주 쓰이는 표현

↻ DRILL

서두를 필요가 없어.

There's _____.

금방 나올게.

I'll _____.

➕ 덤 & THE MORE

🍞 *LOPEME*

Elope with me. (연인사이 같이 도망가다라는 뜻)

KEEP SOME 'JUST-IN-CASE' MONEY IN ANOTHER POCKET.
뉴욕에서는 당신의 생명을 지키기 위해 다른 주머니에 돈을 준비해 두세요.

Erick	My Goodness!
	오, 세상에!
	Holly! Take a look at the newspaper.
	홀리! 이 신문 좀 봐!
	A Japanese man got a shot to death yesterday in this area.
	한 일본 남자가 어제 이 동네서 총 맞아 죽었대.
	It was a robbery.
	강도 사건 이었어.
Holly	That's really scary. Here's a tip for you, Erick.
	정말 무섭다. 에릭 너두 알아 두어야 할 tip이 있어.
	Always keep some 'just-in-case' money in another pocket in case you get mugged while you are here in New York.
	니가 여기 뉴욕에서 사는 동안은 항상 '일정액의 현금'을 한쪽 주머니에 준비해둬. 만일의 경우 네가 강도를 당하는 때를 대비해서 말야.
	If someone robs you, you can give them that money and not lose everything.
	만약 누군가가 너를 약탈하려면, 넌 그 돈을 순순히 내주고 그러면 모든 것을 잃진 않을 거야.

해외 어디를 가봐도 우리나라와 같이 안전하게 거리를 활보하고 다닐 수 있는 곳은 없는 것 같아요. 특히 밤거리는 더더욱이요. A Japanese man got a shot to death yesterday in this area. ; 'got a shot'은 '총에 맞았다'는 뜻인데 여기에 'to death'가 붙으면 '총에 맞아 죽다'가 됩니다.

Always keep some 'just-in-case' money in another pocket in case you get mugged while you are here in New York. ; 여기서 'just-in-case' money는 '혹시 닥칠지 모르는 만일의 경우를 위한 돈'을 의미합니다.

EPISODE

MP3_DIA 41

THERE'S A LID FOR EVERY POT.

짚신도 다 짝이 있어.

THE LOVERS.

Oh, I'm so lonely.
에릭! 나 너무 외로워.

Where is my future girlfriend?
도대체 내 미래의 여자 친구는 어디에 있는 거야?

I haven't had a girlfriend for 3 years.
벌써 3년째 여자 친구가 없어.

Don't worry. *Take it easy*.
걱정하지 마. 좀 진정해.

Wait a little more.
조금만 더 기다려봐.

There's a *lid* for every *pot*.
짚신도 다 짝이 있는 거야.

take it easy 진정하다 lid 뚜껑 pot 단지

영어에서든 우리말에서든 표현하는 방법은 조금 다르지만, 생각하는 것은 참 비슷한 것 같습니다.

"There's a lid for every pot."에서 'lid'는 뚜껑 'pot'는 '단지'라는 의미죠. 직역하면 "모든 단지에는 각각 그에 맞는 뚜껑이 있다."입니다. 결국, 우리 속담에서 "짚신도 짝이 있다."와 일맥상통하는 표현이군요.

"Where is my future girlfriend?"에서 'future girlfriend'는 '미래에 생길 여자친구'라는 뜻인데요.

'future wife' 'future son' 'future daughter' 등과 같은 방식으로 응용해서 사용할 수가 있습니다.

✅ CHECK POINT

have p.p : (과거의 어느 시점부터 현재까지) 쭉 ~해왔다.

I haven't had a girlfriend for 3 years. (벌써 3년째 여자 친구가 없어.)

We have known each other for more than 10 years.

(우리는 서로 알고 지낸 지가 10년이 넘어요.)

future 명사 : 미래의 ~

future wife : 미래의 와이프

my future children : 미래의 내 아이들

future job : 미래의 직업

Where is my future girlfriend?

There's a lid for every pot.

= There are lots of fish.

🔄 DRILL

혹시 애인 없는 여자 아는 사람 없어?

Don't you _____?

선택의 폭이 넓다. (남자든 여자든 기회는 많다.)

There are _____.

➕ 덤 & THE MORE

 WB

Welcome back. (다시 와줘서 반가워.)

MP3_DIA 42

WHAT ARE FRIENDS FOR?

친구 좋다는 게 뭐야.

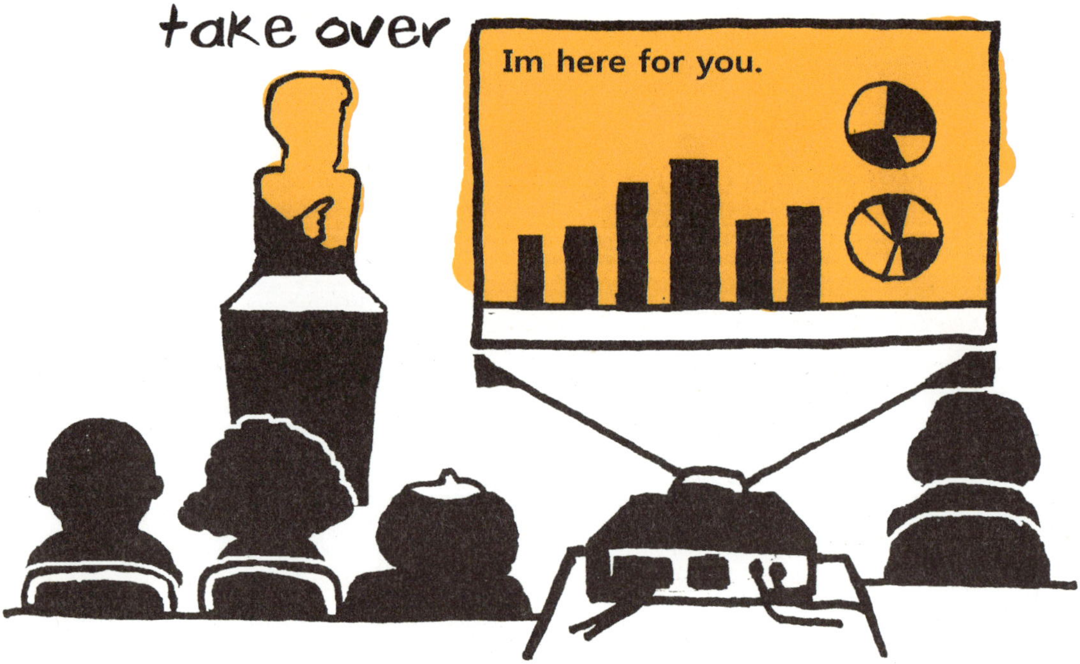

take over

Im here for you.

Hey, David! What **are** you so **swamped** with?
어이, 데이비드! 뭘 가지고 그리 쩔쩔매고 있어?

You know I **took over** this presentation all of a sudden.
내가 갑자기 발표 떠맡은 거 알잖아.

And tomorrow is the presentation day.
게다가 내일은 발표일인데.

I couldn't even start it yet.
난 아직 시작도 못 했고.

Look! I'm here for you.
이봐! 내가 여기 있잖아.

What are friends for?
친구 좋다는 게 뭐야.

take over (일 등을) 떠맡다, 이어받다, (가게 따위를)인계 받다
be swamped 늪에 빠지다, (처리기 힘들 정도의 일 등이 쇄도하여) 고생하다
* swamp 늪

오늘의 대화에는 유독 생소하고도 재미있는 표현들이 많이 나왔네요.

데이비드가 갑자기 떠맡은 발표 때문에 쩔쩔매고 있네요. 'be swamped with'는 '~으로 쩔쩔매다'라는 의미를 가집니다. "You know I took over this presentation all of a sudden."에서 'take over'는 다양한 의미가 있지만 여기서는 '(어떤 업무 따위를) 떠맡다'의 개념으로 쓰였습니다.

아무튼, 어려움에 부닥친 그를 동료 크레그가 도와주겠다고 하네요.

오늘의 한마디 "What are friends for?"는 직역하면 "친구라는 게 무엇 때문에 있는 건데?" 정도 될까요? 좀 자연스럽게 바꾸자면 "친구 좋다는 게 뭐야."가 됩니다.

be swamped with : (어떠한 일 등에 몰려)정신 없다, 쩔쩔매다

What are you so swamped with?

= What are you worried about?

= What are you suffering from?

all of a sudden : 별안간, 갑자기

I took over my father's business all of sudden.

(갑자기 아버지 사업을 물려 받았어.)

I took over the management position all of sudden.

(저는 별안간 관리자가 됐어요.)

I'm here for you. (난 여기에 널 위해 있어. / 난 당신과 함께에요.)

= You're not alone.

DRILL · 음성을 들으며 원어민 속도로 따라 말해 보는 시간.

필요하면 언제든지 날 불러.

Call me _____.

내가 지지해 줄게요.

I've _____.

 & THE MORE · 텍스트메시지 or 채팅할 때 자주 쓰이는 줄임말.

🖊 *THX*

Thanks. (고마워.)

MP3_DIA 43

DON'T LET THE BED BUGS BITE.

잘 자.

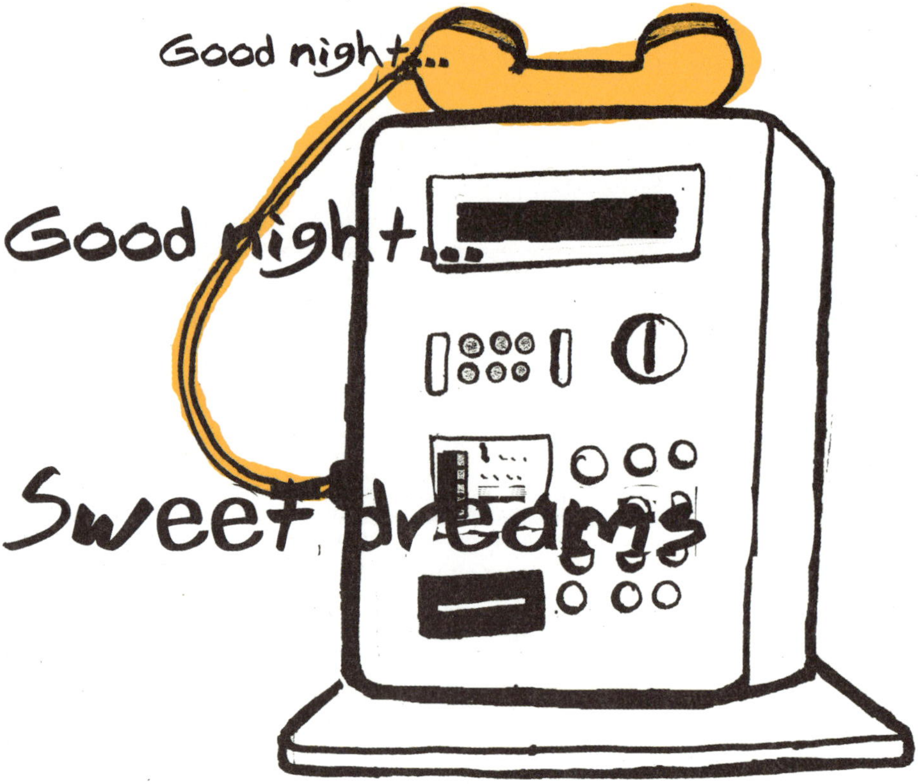

Good night...

Good night...

Sweet dreams

Hello, Erick! I'm sorry. It's too late. Were you sleeping?

여보세요, 에릭! 너무 늦게 전화해서 미안해. 자고 있었어?

No, that's okay. I was just watching TV.

아냐, 괜찮아. 그냥 TV보고 있었어.

What made you call this late?

무슨 일로 이 밤에 전화하셨을까?

I just couldn't sleep. It may be the coffee.

그냥 잠이 안 와서. 아마도 커피 때문인가 봐.

Oh, Jenny! Drink some warm milk, eat a banana and then you'll sleep well.

제니! 따뜻한 우유랑 바나나를 좀 먹어, 그러면 잠을 푹 잘 수 있을 거야.

Yeah, thanks Erick. Bye. Don't let the **bed bugs bite**.

응, 고마워, 에릭. 안녕. 잘 자!

 bed bug 빈데   bite (곤충 · 뱀 등이) 물다

밤늦도록 잠이 안 오는 제니는 에릭에게 전화를 겁니다. **"I'm sorry. It's too late. Were you sleeping?"** 우리도 전화할 때 자주 이러죠? "자는 중이었어?"라고요. 이럴 땐 간단히 **"Were you sleeping?"**이라고 하면 됩니다.

밤늦게 전화해서 미안해하는 친구에게 "너 왜 이렇게 늦게 전화했어?"라고 직설적으로 물어보면 이 또한 실례가 된답니다.

그래서 **"What made you call this late?"**라며 우회적으로 묻습니다. **"What made you 동사?"**는 우회적으로 이유를 묻는 아주 중요한 패턴입니다.

"Don't let the bed bugs bite."는 직역하면 "침대에 있는 벌레한테 물리지 않도록 해."인데요. 그냥 "잘 자."라는 미국식 인사로 익혀두세요.

CHECK POINT

What made you 동사원형? (우회적으로 이유를 묻는 표현)

What made you call this late? (무슨 일로 이 밤에 전화하셨을까?)

What made you come to Korea? (한국에 어떻게 오셨어요?)

It is 명사. : ∼때문이다

* 이유를 말할 때 한국인들은 주로 "because"만 떠올리지만 실상, 원어민들은 because를 생각만큼 남발하지는 않습니다. because 대신에 "since"를 많이 쓰기도 하죠.

여기서, "It is ∼명사."는 직역하자면, "그건 바로 ∼이야."정도가 되겠네요. 이 또한 이유를 말할 때 많이 사용되는 표현입니다.

It may be the coffee. (아마도 커피 때문인가봐.)

It is coffee. (커피 때문이야.)

It's you. (너 때문이야.)

Don't let the bed bugs bite. (잘 자.)

* bed bugs는 우리말에 "빈대"정도에 해당하겠는데요. 미국도 예전에는 빈대와 같은 벌레 때문에 잠을 못 이룰 정도로 고생이 심했나보죠?

= Good night.

= Sleep tight.

= Sweet dreams.

DRILL

잘 자!

Sleep _____!

좋은 꿈 꾸세요!

Sweet _____!

MP3_DIA44

THE SITUATION HAS GONE FROM BAD TO WORSE.

설상가상이네.

 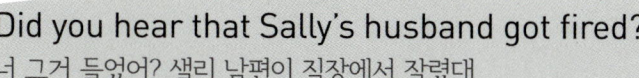
Did you hear that Sally's husband got fired?
너 그거 들었어? 샐리 남편이 직장에서 잘렸대.

That's too bad.
그거 너무 안됐다.

On top of that, her son *failed* his *university exams*.
게다가, 샐리 아들은 대학에 떨어졌다더라.

Oh my~, the *situation* has gone from bad to *worse*.
어쩜, 설상가상이네.

 fail (시험 등에) 떨어지다, 실패하다 university exam 대학입학시험
situation 상황 worse 더 나쁜 bad의 비교급

안부를 물을 때나, 일이 잘 진행되는지 등을 표현할 때는 동사 '**go**'를 사용합니다. 가령, "**How's it going?**"(어떻게 지내?) "**What's going on?**"(무슨 일이 일어나고 있는 거야?) "**It's going well.**"(일이 잘 진행되고 있다) 등이 되겠네요.

오늘의 표현에서도 이런 개념의 '**go**'가 사용됩니다. '상황이 나쁜 것으로부터 더욱 나쁘게 진행됐다'는 것을 의미하는 것이니 말 그대로 설상가상의 뜻이 되는 거죠.

그리고 '~**get fired**'는 '해고당하다.'라는 뜻이에요. 원래 '**get**'이란 동사 다음에 **p.p.**(과거분사) 형태가 오면 '**p.p.**한 상태로 되다.'라고 해석하면 됩니다.

예컨대, "**I got tired.**"(난 피곤해 졌어요.) 오늘의 표현은 주로 타인에 대한 좋지 않은 소식을 들을 때 사용할 것이므로 "**That's too bad.**" "**I'm sorry to hear that.**"과 같은 표현을 함께 익혀두시는 센스도 잊지 마세요.

✅ CHECK POINT

*주요 표현을 만나보고 되새겨보는 시간.

Did you hear that? (당신 그 소식 들었어요?)

Fire : 해고하다 get fired : 해고 당하다, 잘리다

He got fired. (그 사람 해고됐어요.)

My boss will fire me. (우리 사장님은 절 자를 거에요.)

Don't fire me. (저를 자르지 마세요.)

get promoted = get a promotion : 승진하다

I got promoted. (저 승진했어요.)

on top of that : 게다가

= in addition

The situation has gone from bad to worse.

= Out of the frying pan and into the fire. (산 너머 산)

🔄 DRILL

*음성을 들으며 원어민 속도로 따라 말해 보는 시간.

산 넘어 산

Out of _____.

곤경에 처해서

Stuck between _____.

➕ 덤 & THE MORE

*텍스트메시지 or 채팅할 때 자주 쓰이는 줄임말.

 SEC

Wait a second. (잠깐만.)

MP3_DIA 45

WHOSE TURN IS IT?

이번은 누구 차례인가요?

whose turn?

ouch!

WHOSE TURN IS IT?

I haven't played darts for a long time.
다트 게임 하는 거 정말 오랜만이다.

Ouch! Look! I did almost nothing on the board.
악! 이봐! 보드에 맞춘 게 거의 없어.

Me, too. I'm also out of practice.
나도 그래. 나도 오랫동안 하지 않았어.

By the way, *whose turn* is it?
근데, 이번이 누구 차례지?

ouch (감탄사) "악", "아야"등과 유사한 느낌
whose (의문사) 누구의 : 뒤에 명사와 결합하여 주로 사용됨
whose turn? 누구 차례?

영어로 말문이 트이기 시작할 때, 생전 사용해 보지 못한 표현이라도 대강 직역해서 사용해도 그 뜻이 통할 때가 많이 있죠.

그런데 제 경험으로도 도저히 어떻게 표현해야 할지 난감해했던 표현이 하나 있었습니다.

"누구 차례야?" "내 차례야" 할 때 이 '차례'가 바로 저를 애먹이던 그 단어였어요. 먼저 영어 표현은 **"Whose turn is it?"** **"It's my turn."** 등으로 사용 가능합니다. 알고 보니 너무나 단순한 표현이지만, 그땐 누구 하나 가르쳐주는 사람이 없었죠.

결국, 기숙사에서 외국인 친구들과 보드게임을 하던 중, 한 친구가 넋을 놓고 있던 저에게 **"Hey, man! It's your turn."** 이라고 하는 바람에 알게 되었죠.

오늘도 틈틈이 표현들을 입 속에서 되뇌어 보시는 겁니다.

"Because it's your turn." (왜냐하면, 바로 당신 차례니까요.)

✅ CHECK POINT

play 게임/스포츠 : ~게임/스포츠를 하다

play darts : 다트게임 하다

I haven't played darts for a long time. (다트 게임 하는 거 정말 오랜만이다.)

I like to play soccer. (나는 축구 하기를 좋아해요.)

I usually spend my spare time playing video games. (나는 여가시간을 주로 게임하면서 보내요.)

be out of practice : 한 동안 연습하지 않은

I'm out of practice. (연습 안 한지 좀 됐어.)

turn : 차례

Whose turn is it?

It's my turn. (내 차례야.)

Take your turn. (네 차례야.)

🔄 DRILL

당신 차례를 받은 다음 오른쪽으로 돌아가세요.

Take your _____, _____.

넌 탈락이야!

You're _____!

각오해! 난 이 게임의 정복자야.

Get _____! I'm _____.

내가 너한테 졌다니 믿을 수가 없어.

I can't _____.

MP3_DIA 46

I HAVE A SERIOUS HANGOVER.

숙취가 심해요.

I blacked out!

You drank too much at the party.
Are you ok?
너 어제 파티에서 너무 마시더라. 어때 괜찮아?

Yeah, I was *drunk* like a pig.
어, 어제 취해서 완전 맛이 갔지.

Now I have a serious *hangover*.
지금 숙취 때문에 죽겠어.

Kate took you home last night.
Don't you remember?
어제 케이트가 너 집까지 태워다 준거 기억 안나?

Oh my God, I *blacked out* again.
I remember nothing.
맙소사, 나 또 필름 끊겼다. 기억이 안 나네.

 drunk 술 취한 hangover 숙취 black out (과음 후) 필름이 끊기다

와우! 오늘의 표현들은 여러분이 어쩌면 기다리고 기다리시던 한마디 아닐까요? 한국인으로 태어나서 **hangover**(숙취)때문에 고생해보지 않으신 분은 없을 겁니다.

질병에 관한 표현에서는 주로 동사 have가 사용됩니다.

예컨대, **"I have a headache."**(머리가 아프다.) **"I have a stomachache."**(배가 아프다.) 등으로요. 따라서 "숙취가 있다."라는 표현도 **"I have a hangover."**가 되는 거죠.

또한, 오늘의 이 표현뿐만 아니라 여러 가지 술에 관련된 쓸 만한 표현들이 나왔네요. **"He's drunk like a pig."**(그 사람 술이 떡이 되도록 취했어.)이라는 표현, 그리고 흔히들 말하는 **"I blacked out."**(필름이 끊겼다.)라는 말도 있네요. '기억이 검게 돼서 나가버렸다.'라는 의미 정도로 이해하시면 되겠네요.

아무튼, 술 많이 드시는 분은 특별히 열심히 외워두세요.

I blacked out!

I was drunk like a pig. : 술 마시고 개 됐어요.

I blacked out. : 필름이 끊겼어요.

take A to B : A를 B까지 데려다 주다.
It will take you to Jong-ro. (널 종로까지 데려다 줄 거야.)
Take this bus! It will take you to your neighborhood.
(이 버스를 타! 너네 동네까지 갈 거야.)

 DRILL   음성을 들으며 원어민 속도로 따라 말해 보는 시간.

음주운전은 절대 안됩니다.
Drinking _____, _____.

한 잔 더 할래?
Would you _____?

너 벌써 충분히 마셨어. (그만 마시라는 의미)
You've _____.

 **덤 & THE MORE**   텍스트메시지 or 채팅할 때 자주 쓰이는 줄임말.

🖊 *BF/GF*

boyfriend / girlfriend (남자친구 / 여자친구)

EPISODE 47

MP3_DIA47

I'M REALLY OUT OF SHAPE!

몸매가 엉망이에요!

Hey, Craig! Do you **work out** every day?

안녕, 크레그! 너 매일 운동하니?

Yes, I do. I'm trying to **stay in shape**.
How about you?

응, 그래. 몸매 유지하려고 노력 중이거든.
너는 어때?

Me, too. There is no **choice**.

나도 운동하지. 선택의 여지가 없어.

I'm really out of shape.

지금 내 몸매는 아주 엉망이거든.

stay in shape. 좋은 몸매를(몸을 좋은 상태로) 유시하나.
work out 운동하다 choice 선택

요즘, 우리나라 사람들은 다이어트 열풍에 지나치게 사로잡혀 있는 것 같아요. 보기엔 멀쩡한 사람들조차도 다이어트 한다며 갖은 노력을 다하죠.

우리가 흔히 사용하는 뚱뚱하다는 표현으로는 **"One is so fat."** 이 있지만, 이건 너무 직접적이고 단순한 표현이므로 제가 알려드리는 표현을 쓰세요. 오늘의 **focus** 표현은 '좋은 몸매이다.'라는 의미의 **'be in shape'** 입니다.

체중이 얼마인지에 관계없이 몸매가 좋아 보일 때 **"I'm in shape."**, **"She's in shape."** 라고 표현할 수 있고요. 반대로, 몸매가 엉망일 때, '몸매가 안 좋다.'라는 뜻의 **'be out of shape'** 를 써서 **"I'm really out of shape."**, **"You're out of shape."** 등으로 말할 수 있겠습니다.

몸짱 열풍도 좋지만, 건강이 우선입니다. 여러분도 규칙적인 운동 하시면서 **"Try to be in shape!"**

✔ CHECK POINT

주요 표현을 만나보고 되새겨보는 시간.

work out/exercise: 운동하다
Do you work out every day? (너 매일 운동하니?)
= Do you exercise every day?

be out of shape : 몸매가 엉망인, 몸의 컨디션이 좋지 않은
I'm really out of shape. (지금 내 몸매는 아주 엉망이거든.)

be in shape : 몸매가 좋은, 몸의 상태가 좋은
I'm in shape these days. (나 요즘 몸매 좋아요.)

↻ DRILL

음성을 들으며 원어민 속도로 따라 말해 보는 시간.

뱃살을 없애야겠다.

I have _____.

왜 '러브 핸들' – 허리와 배 둘레살의 군살 – **이라고 부르지?**

Why are _____ ?

내 여자친구는 싫어하던데.

My girlfriend _____.

➕ & THE MORE

텍스트메시지 or 채팅할 때 자주 쓰이는 줄임말.

 TGIF

Thanks God. It's Friday. (아! 드디어 금요일이다.)

MP3_DIA 48

WOULD YOU SAVE MY PLACE?

제 자리 좀 맡아 주시겠습니까?

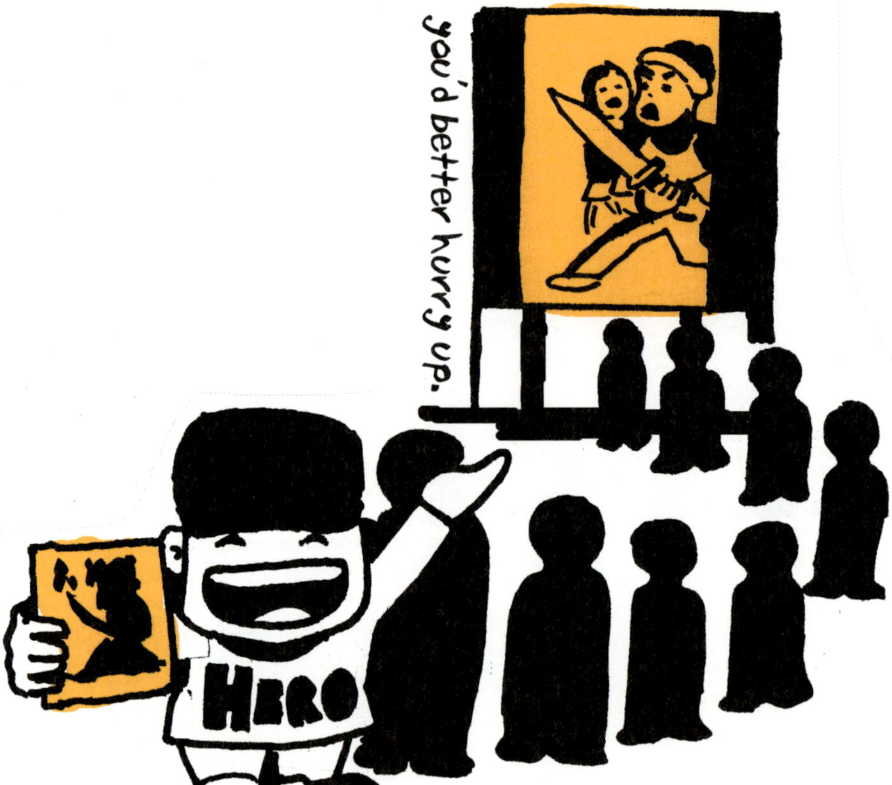

Excuse me, would you save my **place**?
실례합니다만, 제 자리 좀 봐 주시겠습니까?

I'll **be** right **back**.
금방 올 거에요.

Yes, sure. But we are also leaving soon.
그래요, 봐 드리죠. 근데 우리도 곧 자리를 떠날거니깐요.

You'd better hurry up.
서두르시는 게 좋을 거에요.

Don't worry. It'll **take** just seconds.
걱정하지 마세요. 잠깐이면 됩니다.

 place 장소, 자리 be back 돌아오다 take 시간 시간이 걸리다

오늘 표현은 필자가 외국에서 꽤 많이 사용했던 말입니다. 물건을 살 때나 은행 등의 장소에서 줄을 서다가 "자리(순서) 좀 봐주시겠어요?"라고 부탁할 때 쓰는 표현입니다.

필자는 주로 혼자 여행하러 다녔기 때문에 오늘, 이 표현은 너무나 유용한 것이었죠. 이것 외에도 커피숍이나 음식점에서 잠시 화장실을 다녀오는 경우에 "자리(소지품) 좀 지켜주시겠어요?"라는 표현도 꼭 필요하죠.

이럴 땐 **"Can you keep an eye on my stuff?"**라고 말합니다. 꼭 아셔야 해요! 외국에 나가서는 '설마'하는 생각에 물건을 놓고 잠시나마 자리를 비워서도 안 되고, 아무에게나 짐을 봐 달라고 해서도 안 됩니다. 인심이 우리나라만큼 좋지 않거든요.

오늘도 즐거운 표현 즐기세요!

✔ CHECK POINT
*주요 표현을 만나보고 되새겨보는 시간.

save a place : 자리를 맡아주다

Would you save my place? (제 자리 좀 봐 주시겠습니까?)

keep an eye on 명사 : (다른 일을 하면서) 감시하다, 지켜보다

Can you keep an eye on my bag? (제 가방 좀 지켜 주시겠어요?)

cut in line : 새치기하다

Please, Don't cut in line! (새치기 하지 마세요!)

↻ DRILL
 *음성을 들으며 원어민 속도로 따라 말해 보는 시간.

자리 좀 봐 주시겠습니까?

Would you _____?

자리 좀 봐 주시겠습니까?

Could you _____?

✚ 덤 & THE MORE
 *텍스트메시지 or 채팅할 때 자주 쓰이는 줄임말.

🖊 *JOOTT*

just one of those things (시간이 지나면 해결되는 문제)

EPISODE *49*

MP3_DIA 49

CAN I HAVE A DOGGY BAG?

이것 좀 싸주시겠어요?

Wow, I'm already full. This pizza is really **huge**.
와~, 나 벌써 배불러. 이 피자 되게 크다.

You're right. I don't think we can finish this.
맞아. 내 생각엔 우리 이거 다 못 먹을 것 같아.

We'd better **ask for** a doggy bag.
싸달라고 하는 게 낫겠다.

(to a waitress) Can I have a **doggy bag**?
(종업원에게) 이것 좀 싸주시겠어요?

 huge (모양/양/용적 등이)거대한, 막대한 ask for 요청하다
doggy bag 남은 음식을 싸가는 봉지

기억을 더듬어 보면 수년 전만 해도 남은 음식을 싸가는 것이 적잖이 쑥스러운 일이었던 것 같습니다. 하지만 요새는 오히려 젊은이들조차 자연스럽게 남은 음식을 싸가죠. 이건 아마도 뜻밖에 알뜰한 미국이나 유럽식 문화의 영향이 컸던 것 같아요.

정말이지, 그들은 웬만한 물건을 이유 없이 버리는 일이 거의 없답니다. 그리고 심지어 길가에 버려진 쓸만한 물건들도, 묻어있는 먼지를 툭툭 털어서 집에 가져가는 일들도 허다합니다.

오늘의 표현은 음식점에서 음식을 남기는 경우에 좀 싸달라고 부탁할 때 사용하는 말인데요. 아마 미국인들도 처음엔 남은 음식을 싸가는 게 다소 부끄러웠나 봅니다. 'doggy bag'는 자기가 먹을 거면서 "집에 강아지 주게 좀 싸주세요."라는 식의 표현이잖아요.

오늘도 재미있는 표현이죠! 그럼 **"Have a nice day and don't forget to practice!"**

I don't think 평서문 : (우회적인 부정)~가 아니다

I don't think we can finish this. (우리 이거 다 못 먹을 것 같아.)

= I can't finish this.

I don't think I love you. (난 너를 사랑하지 않아.)

had better 동사원형 : ~하는 게 낫겠다

ask for : ~을 요청하다, 부탁하다

We'd better ask for a doggy bag. (싸달라고 하는 게 낫겠다.)

You'd better ask him for some help.

(당신이 그에게 도움을 좀 부탁하는 게 좋을 것 같아요.)

doggy bag : (식당에서 손님에게 주는) 먹다 남은 음식을 넣는 종이봉지

Can I have a doggy bag?

Could you please wrap it up?

(이거 포장해 주시겠습니까? / 이거 좀 싸 주세요.)

Can you gift-wrap this? (선물용으로 포장해주세요.)

 **DRILL**　　　　음성을 들으며 원어민 속도로 따라 말해 보는 시간.

이것 좀 싸주시겠어요?

Could you _____?

이거 담을 상자 좀 주시겠어요?

Can I _____?

LIVE WITHIN YOUR MEANS.

MP3_DIA 50

네 분수를 지켜라.

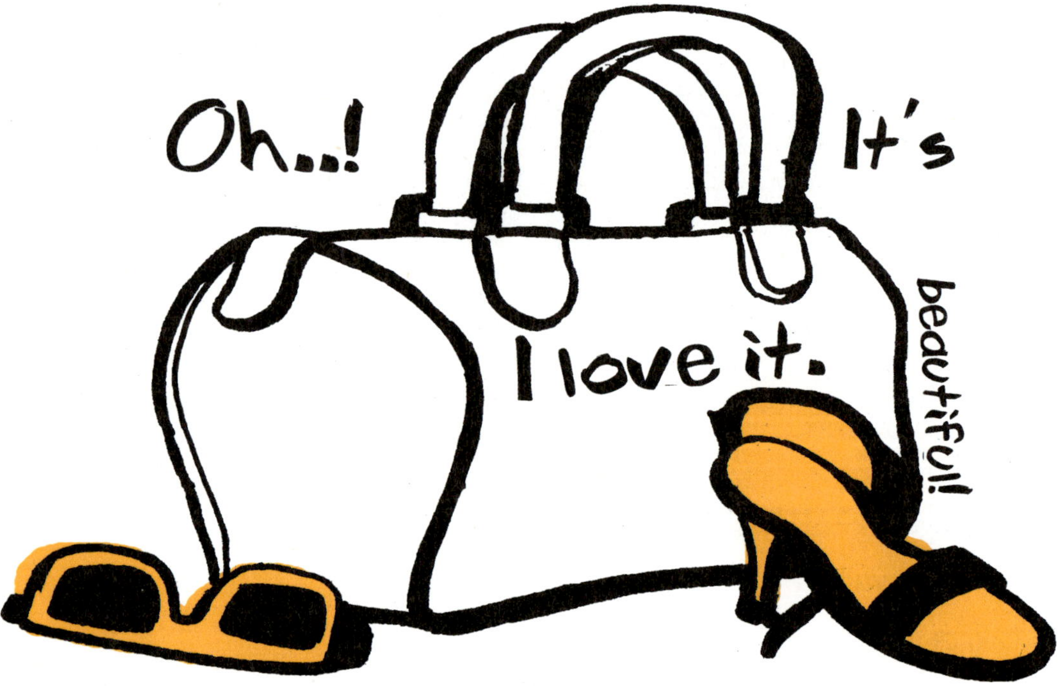

LIVE WITHIN YOUR MEANS.

Look! I bought a new bag.
이것 봐! 나 새 가방 생겼어.

Oh! It's beautiful. I love it!
와! 예쁘다. 정말 맘에 들어!

But it looks really expensive. It's a *'Chanel'*.
근데, 진짜 비싸겠다. '샤넬'이잖아.

Yeah, I bought it for more than a thousand dollars.
응, 천 달러 넘게 주고 샀어.

Oh, good God! Samantha, live **within** your **means**.
맙소사! 사만다, 네 분수에 좀 맞게 살아.

 Chanel 샤넬– 프랑스 명품 브랜드 within ~이내에, ~의 범위 안에서
means 수단, 중용, (형편상의)분수

"I bought a new bag." 오늘은 사만다가 '샤넬' 명품 가방을 하나 샀네요. "It's a 'chanel'."에서 관사 'a'를 사용하는 것은 '샤넬 제품 하나'라는 의미입니다. 물론 명품가방은 디자인도 예쁘고 품질도 뛰어나지만, 그 가격이 선뜻 쉽게 살만한 가격은 아니죠.

그래서 엠제이가 사만다에게 충고하네요. "Live within your means."에서 'means'는 복수형태로 '재산, 수입'이라는 뜻으로 사용되는데요, 이 문장을 직역하면 "네 소득 이내에서 살아라."가 됩니다. 좀 더 자연스럽게 말하면 "분수를 지켜 살아."라는 뜻이 됩니다.

✓ CHECK POINT

* 주요 표현을 만나보고 되새겨보는 시간.

I love it.
= I like it very much.

It looks 형용사 : ~처럼 보이다
It looks really expensive. (진짜 비싸 보여.)
It looks fake. (가짜/짝퉁 같아요.)

buy A for 가격 : ~가격에 A를 사다
I bought it for more than a thousand dollars.
I bought my first car for $150 dollars. (난 첫 차를 150 달러에 샀어요.)

Live within your means : 분수에 맞게 살아라.
You are living beyond your means.
(당신은 당신의 분수에 넘치게 살고 있어요.)

↻ DRILL

* 음성을 들으며 원어민 속도로 따라 말해 보는 시간.

정신 나갔어?

Have you _____?

너 이번엔 너무했어.

You went _____.

✚ 덤 & THE MORE

* 텍스트메시지 or 채팅할 때 자주 쓰이는 줄임말.

🖊 *BRB*

Be right back. (곧 돌아올게.)

EYE CONTACT ; LOOK AT ME!

말할 땐 시선을 마주치세요.

(They are talking about something but ...)
두 사람이 뭔가에 대해 대화를 나누고 있다. 그런데…

Craig   Blood type? Um... I don't know.
혈액형? 음… 몰라.

Erick   No, no! Not at all! Why do you say so?
아니, 아니야! 전혀! 왜 그렇게 말해?

Craig   You are looking at everything except me.
자꾸 딴 데만 쳐다 보잖아.

Erick   Ah, it's not that. 아, 그게 아니야.
I am not so used to looking at people's eyes when speaking.
난 말할 때 시선을 마주 치는 데 익숙하지 않아.
We Koreans are usually like that. It feels kind of disrespectful.
우리 한국 사람들은 보통 그래. 그럼, 뭐랄까 좀 무례하게 느껴져.
Don't get me wrong, buddy.
오해하지마.

Craig   Yeah, I see. 알았어.
I just thought you're bored with what we were talking about.
난 그냥 네가 우리 얘기를 재미없어한다고 생각했어.

우리는 대화 중에 시선을 오랫동안 마주치면, 서로 불편하고, 또 부담스럽거나 무례하게까지 느끼곤 하죠.

하지만 파란 눈의 그들은 위에서 보시는 바와 같이, 그 커다란 눈으로 서로 시선을 마주치기를 좋아한답니다. 특히, 대화 중엔 말이죠. 만약, 대화 중에 자꾸 시선을 피하게 되면 그들은 뭔가 문제가 있거나 자신의 말에 흥미가 없어 경청하지 않는다고 생각할 수 있답니다.

이는, 외국인들과 많이 접촉해 보기 전에 배우기 힘든 문화차이 중 하나죠. 만약 외국인과 대화할 일이 생긴다면 한번 실험 삼아 연습해 보세요. 처음엔 불편하다가도 재미있고 색다른 경험이 될 거예요.

Summary

DIALOGUE

DIALOGUE   I COULDN'T HELP BUT PAY FOR IT.

A   Tom, what is this receipt? Three hundred dollars!
Did you buy drinks for everybody?

B   Sorry, honey. I got a promotion recently.
So, everyone there was expecting me to treat them.
I couldn't help buy pay for it.

DIALOGUE   MY SKIN IS DRY AND VERY SENSITIVE.

A   Good afternoon, ma'am. What are you looking for?

B   I'm looking for some powder for sensitive skin.
My skin is dry and very sensitive.
Do you have any suggestions?

A   Sure, how about this?
This item has been the most popular among our skin care products.

DIALOGUE   IT'S HOT AND HUMID.

A   I heard that the rainy season will start soon.
What's the weather like during the rainy season here?
Actually, I've never experienced the rainy season.
Because I'm from Arizona.

B   Of course, it rains a lot.
It's hot and humid.

💬 DIALOGUE I AM AFRAID THIS FOOD WENT BAD.

A Wow, I have the munchies.
Do you have something to eat?

B Yeah, here. Some milk and donuts.

A Um, that's nice.
Eww! It smells weird.
I'm afraid this food went bad.

💬 DIALOGUE THAT'S A RIP-OFF.

A How much is it?

B That's $120.

A What? That's a rip-off.
I bought exactly the same one for just $90 last year.

B But sir, the price has risen up rapidly since last year.
I bet you can't buy that model below $120 anywhere.

💬 DIALOGUE BELIEVE IT OR NOT.

A Ray, are you a good singer?

B Well, you know?
Believe it or not I was a professional singer when I was young.

A Wow, that's amazing!
You need to sing me a song someday, huh?

💬 **DIALOGUE** QUIT STALLING AND TELL ME NOW.

A	You know what?
B	What?
A	Um, let's drop it. It's just nothing.
B	Oh, come on. You always make me so curious and then don't say anything. Quit stalling and tell me now.

💬 **DIALOGUE** I'LL GET BACK TO YOU.

A	Hey, Michelle how about joining us for hiking on a mountain.
B	When will you go?
A	We are going to start early Sunday morning.
B	Oh, sounds good. But I need to check my schedule on Sunday. I'll get back to you soon.

💬 **DIALOGUE** THIS WEEK HAS REALLY GONE BY FAST.

A	Wow, it's Friday again. This week has gone by so fast.
B	That's nice. Time flies when you are having fun.
A	Let's kick back some beers tonight anyway.

DIALOGUE JUST BE YOURSELF.

A Oh, I'm so nervous.

Yeah, I know how you feel.
It's always like that when meeting a girlfriend's parents for the first.
B But relax and just be yourself.
Then they will like you a hundred percent.
You are one of the greatest people I know.

DIALOGUE I BLEW IT.

A How was your presentation?
Last night you stayed up almost all night preparing for it.

B Oh, my! Don't talk about it, please.
I blew it.

A Oh, I'm sorry to hear that.
But you have one more chance next week.
Don't worry.

DIALOGUE IT'S NOT THE END OF THE WORLD.

A Oh my God! I crashed against the post.
It's my father's car. I'm dead.

B Don't worry too much.
It's not the end of the world.
The damage is not that big.
You'll have your car repaired and it'll look like new.

DIALOGUE I'M EASY.

A Wow! There are lots of dishes on the menu.
I don't know what to choose.
Hey, Craig! What would you like to have?

B Um, I'm easy.
Whatever you want. I'll follow you.

DIALOGUE LET ME CATCH MY BREATH.

A Hey, Erick! Come and help me write this report.

B Kathy, I just got back from work now.
Let me catch my breath.

A Alright, I am sorry. I was just in a hurry to write this report.
The deadline is tomorrow. Please…

DIALOGUE SUIT YOURSELF.

A I'm going to go to the party.

B Alright, suit yourself.
As long as you are ready for the presentation tomorrow.

A I'll do that work right after coming back from the party.

B Are you sure that you can do it after drinking a lot of alcohol?

A Umm…

DIALOGUE I DON'T HAVE TIME TO BREATHE.

A Erick, you forgot me!
You haven't contacted me for some time.
You are so bad.

B Oh, Julia! I'm so sorry.
I don't have time to breathe these days.
Believe me, I started working on a new project.

DIALOGUE ANOTHER DAY, ANOTHER DOLLAR.

A Hey, Craig! How was work today?

B Not too bad I guess.
Another day, another dollar.

A You don't sound very happy with your job.

B I can't say many good things about it but it pays the bills.

A Hey, that's better than some other jobs.

DIALOGUE I WAS BLOWN OFF.

A Do you know where Sophia is?
I can't reach her.

B Good question! I also would like to know where she is.
I phoned her a couple of times but I was blown off.

A Oh, that's bad.
But sometimes it happens, especially while she's on vacation.

💬 DIALOGUE · SLOW DOWN!

A Hey, slow down.
You're speeding.

B Don't worry, buddy.
We need to speed up more.
We don't have enough time to get there.

A Oh, man! Do you see?
A cop is on our tail.

💬 DIALOGUE · AM I TRANSPARENT?

A Lisa, you're beautiful today.
Your shoes are beautiful and your perfume's so nice.

B Hey! Why are you complementing me now?
What do you want from me?
Do you need some money?

A Ha ha! Am I transparent?

💬 DIALOGUE · COUNT ME IN.

A Are you guys going out for a drink tonight?
If so count me in.

B Ok, join us.

A I found a nice place recently.
Why don't we go there?

DIALOGUE   ARE YOU SERIOUS?

A   I still like Betty I think.

B   What? Oh, man! Are you serious?
But she's not your type.
She's as plain as vanilla ice cream.

A   I don't know... I miss her so much it hurts.

B   Oh, my ... Love is blind.

DIALOGUE   I FEEL PRETTY LOW.

A   What's wrong with you?
You don't look ok today.

B   Yeah, right. I feel pretty low.
I broke up with my girlfriend last night.

A   Sorry to hear that.

DIALOGUE   I'M JET-LAGGED.

A   Welcome to Vancouver, my friend!
How was your flight?

B   After around 14 hours, I'm jet-lagged.

A   Yeah, I understand that.
It'll take some time to get used to the time difference?

💬 DIALOGUE That sounds like him.

A   Craig was late for the meeting yesterday.

B   You mean Craig David?
That sounds like him.

A   Why? Is he often late?

💬 DIALOGUE We are short of money this month.

A   Kate, can I borrow some money?
I'm broke again.

B   Erick, you borrowed some just the day before yesterday.

A   These days, I take taxis to work. That's why.

B   Then, you'd better get up earlier and take a bus.
We are short of money this month.

💬 DIALOGUE What's keeping you?

A   Sue! What's keeping you?
You are over 30 minutes late.

B   Sorry, but I was in a traffic jam.

A   Look, excuse maker!
You are always late.

DIALOGUE You don't even have to ask.

A Craig, what do you think?
Can she make it to the deadline?

B No worries! You don't even have to ask.
Olga has always been a punctual person.

A I hope you're right.

DIALOGUE I have butterflies in my stomach.

A Are you nervous?

B I can't say "no".
It's a camera audition.
I feel like I have butterflies in my stomach.

A Hey! That's not like you.
You've always been so natural in front of the camera.
Don't be nervous!

DIALOGUE Life is not all roses and wine.

A I can't believe I hurt my knee.
My life is ruined!

B Take it easy! Life is not all roses and wine.
Everything will be ok.

A I am a football player.
How can I be calm in this situation?

DIALOGUE — You're missing the point.

A Do you see how it works now?

B I think so but… wait.
You don't want to work with me?

A Oh, you're missing the point.
That's not what I said.

DIALOGUE — You drink like a fish.

A It's the first time for us to drink together.
This is so nice! So, what do you wanna drink?

B I prefer soju.

A Really? Are you a good drinker?

(after drinking the 4th bottle of soju)

B Yes, I am. You'll see.

A Wow, you drink like a fish.

DIALOGUE — Don't break your word!

A If you get more than 700 on the TOEIC, I'll buy you a great dinner.

B Are you sure? You'll regret saying so.
I'm really confident this time.
Don't break your word!

DIALOGUE PLEASE, SEPARATE YOUR FEELING FROM BUSINESS.

A Did you approve another one of Diana's proposal?

B Yeah, I did. Any problem?

A Any problem? There are lots of problems!
That proposal is almost impossible to implement.
I know she's a beautiful girl but please, separate your feeling from business.

DIALOGUE SOMETHING EASY ON MY POCKET!

A Look, Michael! This shop has tons of mp3 players.
It's hard to decide what to buy.
Did you decide yet?

B Um~, something easy on my pocket.
My financial situation is not very good.

DIALOGUE HE WAS A PUSHOVER.

A How was the interview with Mr. Johnson?
It was tough, huh?

B No, not at all.
He was actually a pushover.
He's easier than I expected.

DIALOGUE TRAFFIC IS BUMPER TO BUMPER.

A Hello, it's me, Erick. I'm gonna be a bit late.
Traffic is bumper to bumper because of an accident.
I'm so sorry.

B No prob, buddy! So, how much longer do you think it will take?

A About one more hour.

DIALOGUE I LOST MY APPETITE.

A What are you going to have for lunch?

B Well, I'd rather not eat today.
It's too hot. I lost my appetite.

A I did, too, but you should have something.
You have lots of things to do today.

DIALOGUE WHAT DOES HE LOOK LIKE?

A I heard that you are going out with a guy from Marketing.

B Yeah, where did you hear that?

A Everybody in the whole department is talking about it.

B Oh, shoot.

A So, what does he look like?

B He is very good-looking.

DIALOGUE Don't let me rush you.

A Sorry! I'm almost done.

B That's okay. No problem.
Take your time. Don't let me rush you.

A Thanks!
Then, take our things off and sit on the couch for a while.

DIALOGUE There's a lid for every pot.

A Oh, I'm so lonely.
Where is my future girlfriend?
I haven't had a girlfriend for 3 years.

B Don't worry. Take it easy.
Wait a little more.
There's a lid for every pot.

DIALOGUE What are friends for?

A Hey, David! What are you so swamped with?

B You know I took over this presentation all of a sudden.
And tomorrow is the presentation day.
I couldn't even start it yet.

A Look! I'm here for you.
What are friends for?

DIALOGUE   Don't let the bed bugs bite.

A Hello, Erick! I'm sorry. It's too late. Were you sleeping?

B No, that's okay. I was just watching TV.
What made you call this late?

A I just couldn't sleep. It may be the coffee.

B Oh, jenny! Drink some warm milk, eat a banana and then you'll sleep well.

A Yeah, thanks Erick. Bye. Don't let the bed bugs bite.

DIALOGUE   The situation has gone from bad to worse.

A Did you hear that Sally's husband got fired?

B That's too bad.

A On top of that, her son failed his university exams.

B Oh my~, the situation has gone from bad to worse.

DIALOGUE   Whose turn is it?

A I haven't played darts for a long time.
Ouch! Look! I did almost nothing on the board.

B Me, too. I'm also out of practice.
By the way, whose turn is it?

DIALOGUE I HAVE A SERIOUS HANGOVER.

A You drank too much at the party. Are you ok?

B Yeah, I was drunk like a pig.
Now I have a serious hangover.

A Kate took you home last night. Don't you remember?

B Oh my God, I blacked out again. I remember nothing.

DIALOGUE I'M REALLY OUT OF SHAPE!

A Hey, Craig! Do you work out every day?

B Yes, I do. I'm trying to stay in shape. How about you?

A Me, too. There is no choice.
I'm really out of shape.

DIALOGUE WOULD YOU SAVE MY PLACE?

A Excuse me, would you save my place? I'll be right back.

B Yes, sure. But we are also leaving soon.
You'd better hurry up.

A Don't worry. It'll take just seconds.

MP3_DIA49

DIALOGUE Can I have a doggy bag?

A Wow, I'm already full. This pizza is really huge.

B You're right. I don't think we can finish this.
We'd better ask for a doggy bag.

A (to a waitress) Can I have a doggy bag?

MP3_DIA50

DIALOGUE Live within your means.

A Look! I bought a new bag.

B Oh! It's beautiful. I love it!
But it looks really expensive. It's a 'Chanel'.

A Yeah, I bought it for more than a thousand dollars.

B Oh, good God! Samantha, live within your means.

SUMMARY
DRILL

MP3_REV01

DRILL I COULDN'T HELP BUT PAY FOR IT.

I had no choice.
It is out of my hands.

MP3_REV02

DRILL MY SKIN IS DRY AND VERY SENSITIVE.

My skin dries out quickly.
I have dishpan hands.

MP3_REV03

DRILL IT'S HOT AND HUMID.

I usually change my socks twice a day during the rainy season.
You mean it doesn't rain in your hometown?

MP3_REV04

DRILL I AM AFRAID THIS FOOD WENT BAD.

I got food poisoning from some bad fruit.
How do you tell if yogurt has gone bad?

DRILL THAT'S A RIP-OFF.

You're stealing the bread from my mouth.
Inflation hurts everyone.
There's a high demand for this model.

DRILL BELIEVE IT OR NOT.

That story is kind of hard to swallow.
You sing like a dying cat.

DRILL QUIT STALLING AND TELL ME NOW.

I was just talking to myself.
If you start a conversation you have to finish it.

DRILL I'LL GET BACK TO YOU.

I'll let you know later.
I'll try to make it.
Care to join me in a game to pool?

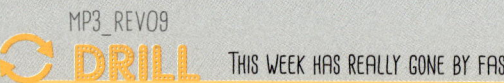 THIS WEEK HAS REALLY GONE BY FAST.

I thought today was Wednesday.
This week has been murder on me.
Let's go crazy this weekend!

DRILL JUST BE YOURSELF.

Just act naturally.
If you are nervous you will end up making a mistake.
Do what you do best.

DRILL I BLEW IT.

It could have been better.
I blew my driver's test.
I passed with flying colors.

DRILL IT'S NOT THE END OF THE WORLD.

We are history.
It's not that bad.
Put some paint on it and your dad will never know.

MP3_REV13

DRILL I'M EASY.

It doesn't matter to me.
Could you choose for me?

MP3_REV14

DRILL LET ME CATCH MY BREATH.

I'm out of breath.
Give me a few minutes, then I'll help.
I'm pooped.

MP3_REV15

DRILL SUIT YOURSELF.

Whatever you like.
Don't let me down.
Are you going to be able to?

MP3_REV16

DRILL I DON'T HAVE TIME TO BREATHE.

I'm so busy I could die.
I forgot what 'free time' is.
You need to take a breather.

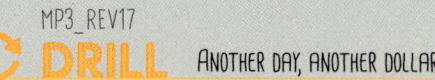 **DRILL** ᴀɴᴏᴛʜᴇʀ ᴅᴀʏ, ᴀɴᴏᴛʜᴇʀ ᴅᴏʟʟᴀʀ.

> This job is at least better than unemployment.
> I can't complain.
> Every cloud has a silver lining.

 **DRILL** ɪ ᴡᴀs ʙʟᴏᴡɴ ᴏғғ.

> Can you get a hold of Erick?
> Craig has gone missing!

DRILL sʟᴏᴡ ᴅᴏᴡɴ!

> Put the pedal to the metal!
> Keep an eye out for cops.

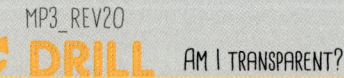 **DRILL** ᴀᴍ ɪ ᴛʀᴀɴsᴘᴀʀᴇɴᴛ?

> You read my mind.
> How did you know?
> That's what I'm saying!

MP3_REV21

Count me in.

I'm up for it.
Let's do something new tonight.
I'm there!

MP3_REV22

Are you serious?

You're kidding, right?
Beauty is in the eye of the beholder.
You really did fall for her!

MP3_REV23

DRILL I feel pretty low.

I'm feeling blue.
What's the matter?
You don't seem to be yourself recently.

MP3_REV24

DRILL I'm jet-lagged.

After that long haul, I need a nap.
When you are in an airplane for a long time, you should stretch sometimes.

DRILL That sounds like him.

That's definitely her style.
He'll be late to his own funeral.

DRILL We are short of money this month.

They broke up.
I have to tighten my belt next month.

DRILL What's keeping you?

What made you late?
Traffic is bumper to bumper.
I don't want to hear you excuses.

DRILL You don't even have to ask.

Don't ask.
She's known for not being late.

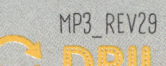 I HAVE BUTTERFLIES IN MY STOMACH.

My hands are shaking.
Just be yourself.

 LIFE IS NOT ALL ROSES AND WINE.

I can't go on like this.
Take it easy.

DRILL You're missing the point.

Don't get me wrong.
I think I missed something.

DRILL You drink like a fish.

Beer is like water to him.
My dad can put away 3 bottles by himself.

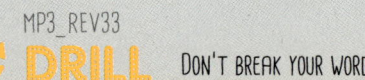

DRILL Don't break your word!

> I give you my word.
> Wanna bet?

DRILL Please, separate your feeling from business.

> Get your head out of the clouds.
> Keep your personal life out of the office.

DRILL Something easy on my pocket!

> My wallet is a little light today.
> I just want to look around a bit.

DRILL He was a pushover.

> It was a cake walk.
> It was the easiest interview ever.

MP3_REV37

TRAFFIC IS BUMPER TO BUMPER.

> I got rear-ended.
> I'm OK. It was just a fender bender.

MP3_REV38

I LOST MY APPETITE.

> I'm in the mood for pizza.
> It's too hot to even move.

MP3_REV39

DRILL   WHAT DOES HE LOOK LIKE?

> He's a hunk!
> His hair is slicked back.

MP3_REV40

DRILL   DON'T LET ME RUSH YOU.

> There's no need to hurry.
> I'll be right out.

MP3_REV41

THERE'S A LID FOR EVERY POT.

Don't you know any single girls?
There are lots of fish in the sea.

MP3_REV42

WHAT ARE FRIENDS FOR?

Call me whenever you need.
I've got your back.

MP3_REV43

DON'T LET THE BED BUGS BITE.

Sleep tight!
Sweet dreams!

MP3_REV44

THE SITUATION HAS GONE FROM BAD TO WORSE.

Out of the frying pan and into the fire.
Stuck between a rock and a hard place.

DRILL WHOSE TURN IS IT?

Take your turn, then pass to the right.
You're out!
Get ready! I'm a master at this game.
I can't believe I lost to you.

DRILL I HAVE A SERIOUS HANGOVER.

Drinking and driving don't mix.
Would you care for another drink?
You've had enough already.

DRILL I'M REALLY OUT OF SHAPE!

I have to lose this spare tire.
Why are they called love handles?
My girlfriend says that she hates them.

DRILL WOULD YOU SAVE MY PLACE?

Would you mind holding my place?
Could you save my spot for a second?

MP3_REV49

DRILL Can I have a doggy bag?

> Could you please wrap it up?
> Can I have a box for this?

MP3_REV50

DRILL Live within your means.

> Have you lost your mind?
> You went too far this time.

NOTE

툭툭 내뱉는 톡톡 잉글리시

MP3 🎧와 음성 강의 🎤 듣는 방법

① 홈페이지

¹ 도서출판 삼육오 사이트(www.pub365.co.kr/) 접속 ⇨ 도서자료실 클릭

² 「툭툭 내뱉는 톡톡 잉글리시」 검색 ⇨ MP3 파일 다운로드

³ 스마트폰 어플로 우측 QR코드를 찍으면 PUB365 홈페이지로 바로 연결

② 네이버 오디오클립

¹ 오디오클립 어플에서 「툭툭 내뱉는 톡톡 잉글리시」 or 「365 영어 현지생활표현」 검색

² PC에서 오디오클립(https://audioclip.naver.com/) 접속 ⇨ 「툭툭 내뱉는 톡톡 잉글리시」 or 「365 영어 현지생활표현」를 검색

➕구독하기 를 하면 나의 페이지에서 쉽게 들으실 수 있습니다

³ 우측 QR코드를 찍으면 오디오클립 「툭툭 내뱉는 톡톡 잉글리시」로 바로 연결

③ 팟빵

¹ 팟빵 어플에서 「툭툭 내뱉는 톡톡 잉글리시」 or 「365 영어 현지생활표현」 검색

² PC에서 팟빵(www.podbbang.com) 접속 ⇨ 「툭툭 내뱉는 톡톡 잉글리시」 or 「365 영어 현지생활표현」를 검색

구독 을 하면 MY 페이지에서 쉽게 들으실 수 있습니다

³ 우측 QR코드를 찍으면 팟빵 「툭툭 내뱉는 톡톡 잉글리시」로 바로 연결

1분에 5문장 영어회화

5 Sentences

왕초보 영어 말문트기!

1분에 5문장, 60분 300문장 무한 반복!!

귀로 듣고, 눈으로 보고, 입으로 따라 말하는 3D 입체학습!!

간단한 문장으로 문장 구조까지 확실하게!!

- 본문 학습용 MP3 ^{무료}
- 말하기 훈련용 MP3 제공 ^{무료}
- 훈련용 동영상 강의 제공 ^{무료}

미리보기
QR

1

1분에 5문장을 소개합니다.

쉽고 유쾌한 패턴영어 1분에 5문장!

여행 갈 때, 영화 볼 때, 외국인과 대화할 때, 실생활에서 가장 많이 쓰는 짧지만 강력한 기초 패턴 60개로 300개의 문장 말한다. 효율적인 영어학습을 경험하세요.

툭툭 내뱉는
톡톡
잉글
리시

talk
talk